吉林财经大学资助出版

吉林省教育厅科学研究项目（JJKH20210148SK）阶段性研究成果
吉林省哲学社会科学基金项目（2019C77）研究成果

李茉 著

教育信息化 2.0
地方高校智慧教学
改革路径探索

EDUCATIONAL INFORMATIZATION
THE REFORM PATH TO
SMART TEACHING OF
LOCAL COLLEGES AND UNIVERSITIES

社会科学文献出版社
SOCIAL SCIENCES ACADEMIC PRESS (CHINA)

序　言

2017年10月，党的十九大提出建设教育强国这一中国教育领域的发展目标，同时强调了在新时代推进教育信息化与教育现代化是建设教育强国的重要路径。次年4月，教育部在《教育信息化2.0行动计划》中以上述目标引领与路径导向为基础，进一步制定了建设教育强国的细化纲要，提出为实现建设教育强国这一发展目标，要进一步落实教育信息化与教育现代化的发展，力争在2022年达成"三全两高一大"的教育信息化2.0行动计划蓝图。"三全两高一大"蓝图勾勒了教育信息化的三个建设方向，即形成信息化的教育客体、培养信息化的教育能力、打造信息化的教育平台。具体来说，"三全"是指全体教师做到教学应用的普及、全体学生做到学习应用的普及以及全体学校做到数字校园的普及；"两高"是指提高师生的数字化水平以及提高师生的信息化素养；"一大"则是指打造"互联网+教育"的教育信息化大平台。通过"三全两高一大"的蓝图可以清晰地看见，教育信息化2.0行动计划的实施及实现与信息技术的发展密不可分，"互联网+"的时代不仅为教育信息化与教育现代化的发展打开了一扇充满可能性的大门，还为教育者与教育研究者铺设了通往教育信息化的坦途。

在教育信息化2.0时代的发展过程中，信息技术与教育持续进行着全方位的融合，从教育阶段、教育门类、教育流程、教育方式、教育手段再到教育素材，信息技术已经、正在并在相当长的一段时间内还将持续以极高的渗透压向教育领域渗透。与此同时，随着教育信息化 2.0 时代一同到来的还有教育组织结构、教育资源分配、教育教学形态、教育教学模式等必然性的改变。在"互联网+教育"的赛道上，信息技术是迈入教育信息化 2.0 时代的有效途径，甚至可以说是唯一途径，但是信息技术无法洞察教育这一"有规律运行的生命体"的本质属性，只有教育和教育学本身才能引领教育信息化 2.0 时代的发展，只有遵循教育规律而非互联网规律才能打造实现教育信息化与教育现代化的人才培养新模式。因此高校作为教育的重要主体，其在教育新时代中须承担的以教育主导信息技术融合、以信息技术推动教育发展的重要作用不言而喻，唯有高校先厘清"互联网+教育"的核心内涵与拓展路径才能在建设教育强国的路上打破中国高等教育现有的发展困局。

地方高校作为中国高等教育体系的中坚力量，其院校数量众多、人才流量可观，是中国高层次人才培育的重要基石，只有在教育新时代中全面提高地方高校的教育教学质量才能保障中国教育信息化 2.0 时代基本盘的实现，才能广泛输出具有与教育信息化 2.0 时代的教育目标相符的高层次人才。在教育信息化 2.0 时代的背景下，智慧教学为地方高校提升教育教学质量打开了一扇门，但如何通过信息技术与教育教学的深度融合发展实现对"以学生为中心"的智慧教学路径的构建这条门外的路亟待铺设，只有扫平智慧教学路径构建的现实问题，才有可能打造出教育新时代下的教育新生态。故本书选取地方高校作为研究对象，探索了其进行智慧教学改革的具体路径，希望能通过科学的模型降低地方高校智慧教学改革之路上的试错成本，助力地方高校全面接入智慧教学新生态。

为实现建设教育强国这一新时代的教育新使命，教育现代化的发展路程走进了教育信息化 2.0 时代，而"互联网+教育"作为教育信息化 2.0 时代的新实践正在对既有的教育体系进行着广泛且深入的变革。然而，目前对"互联网+教育"的研究多集中在宏观层面与微观层面，教育信息化发展的方法论得到了关注、教育信息化应用的实操也得到了关注，唯独对从方法论导向实操的路径问题缺少足够的探讨。面对理论范式的不断创新、教学模式的不断迭代以及信息技术的不断升级，如何从路径上为智慧教学的改革把握好方向已经成为现阶段信息技术与教育教学深度融合发展的最大掣肘。本书打破了目前对"互联网+教育"的研究多集中在宏观层面与微观层面的僵局，另辟蹊径地立足中观视角，以教育信息化 2.0 时代地方高校的智慧教学改革路径为研究主题，构建了"3P"交互啮合式智慧教学改革模型以及 IE-CES 智慧教学改革效果评价指标体系，为后续的智慧教学改革实践提供了理论模型与评价依据，打通了从方法论到实操之间的智慧教学改革理论路径，丰富了智慧教学和教学改革的相关理论研究，为教育信息化 2.0 时代的教育教学改革理论发展尽了一份绵薄之力。

主动顺应教育信息化 2.0 时代的发展趋势并积极响应教育信息化的发展形式，是地方高校优化教育教学模式并探索智慧教学改革路径的客观要求与必然选择。本书构建的"3P"交互啮合式智慧教学改革模型可以为地方高校的智慧教学改革提供框架性的理论指导以及参照性的路径与关键点把控，以吉林财经大学根据"3P"交互啮合式智慧教学改革模型建设的课程"营销与社会"以及同步建设的该课程线上资源暨省级精品课"解密市场营销（双语）"为基础的智慧教学改革实践示例还可为欲进行智慧教学改革的地方高校提供直观的范例；同时，开发的 IE-CES 智慧教学改革效果评价指标体系可以为地方高校的智慧教学改革效果提供客观全面的数据评估；

此外，对地方高校智慧教学改革现状的分析有助于厘清地方高校在智慧教学改革过程中存在的普遍问题以及未来深化智慧教学改革的重难点，以此为依据可帮助地方高校后续的智慧教学改革扬好帆；进一步地，对地方高校智慧教学改革的推进路径建议还可通过提升区域高等教育水平助力教育信息化 2.0 时代"三全两高一大"蓝图的实现；最后，以地方高校为研究对象的智慧教学改革路径研究或可在其他类型高校、其他层次学校的智慧教学改革进程中作为教育现代化发展新模式提供独特的实践价值。

本书主要分为七个章节，其主体内容沿着"研究基础—研究主体—研究应用—研究延伸"的逻辑关系展开，具体技术路线如图 0-1 所示。其中第一章和第二章是本书的研究基础部分：第一章分析了教育信息化 2.0 时代的现实背景；第二章对智慧教学改革过程中涉及的核心概念进行了国内外文献综述，并从教学改革生态圈层的角度解构了智慧教学现实语境的形成。第三章和第四章是本书的研究主体部分：第三章构建了"3P"交互啮合式智慧教学改革模型；第四章开发了包含 5 个一级指标、13 个二级指标、46 个三级指标及其指标描述的 IE-CES 智慧教学改革效果评价指标体系。第五章是本书的研究应用部分，介绍了以"3P"模型为基础进行智慧教学改革的"营销与社会"课程建设方法并细致呈现了两节具体的智慧教学改革方案，同时通过双重方式印证了该课程进行智慧教学改革的优秀建设成果。第六章和第七章是本书的研究延伸部分：第六章从 5 个方向全面剖析了地方高校智慧教学改革的现状并得出了 10 个维度的细化分析结论；第七章提出了 6 条主体推进路径，下辖 12 条分解推进路径，且每条分解推进路径又具体分为 2~3 个实现步骤，总计 29 个地方高校智慧教学改革的落地实现步骤。

教育信息化2.0：地方高校智慧教学改革路径探索

研究基础
- 教育信息化新征程 — 背景分析：政策解读+机遇挑战+时代要求
- 智慧教学改革的生态基础 — 现实语境：生态初建+生态丰容+生态突破+生态圈层

研究主体

智慧教学改革交互啮合式模型构建
- 内核 — 1个圆心+3个模块
- 关键点
  - 理论基础的智慧化植入 关键点1~5
  - 思维体系的智慧化构建 关键点6~10
  - 行为模式的智慧化塑造 关键点11~14
- 重点问题 — 课程团队建设+课程资源重组+教学方法创新+教学效果评价

智慧教学改革效果评价指标体系开发
- 设计理念
  - 理念一 贯彻"以学生为中心"的评价原则
  - 理念二 架构多元化的评价视角
  - 理念三 完善全链路的评价过程
  - 理念四 实现能够倒逼学生深入参与的评价功用
  - 理念五 提供容纳生成性空间的评价弹性
  - 理念六 制定侧重高阶能力的评价导向
- 开发流程 — 流程图+研究方法
- 指标池拟定 — 文献分析法+焦点小组访谈法+一对一深度访谈法
- 指标修订
  - 专家选择+三轮函询
  - 一级指标5+二级指标13+三级指标46+指标描述46
- 信效度分析 — 内部一致性检验+皮尔森相关性检验+内容效度检验
- 权重确定 — 层次分析法（算术平均法+几何平均法+特征值法）

研究应用

智慧教学改革实践与评价：从0打造省级精品课
- 课程建设
  - 以"1个圆心"为支点的课程思政建设
  - 以"3个模块"为杠杆的智慧教学模块建设
- 实践示例
  - 示例一 你身边的催眠大师：产品包装之设计赏析
  - 示例二 整合营销沟通之广告
- 效果评价
  - "营销与社会"课程智慧教学改革评价指标体系评分
  - "营销与社会"课程智慧教学改革实验组&对照组比较

研究延伸

地方高校智慧教学改革现状
- 智慧教学主体发展态势 — 智慧教学主体发展近况+智慧教学主体发展空间
- 智慧教学环境成熟程度 — 智慧教学硬环境+智慧教学软环境
- 智慧教学素养水平基础 — 教师智慧教学素养+学生智慧学习素养
- 智慧教学资源建设情况 — 智慧教学资源开发+智慧教学资源应用
- 智慧教学范式实践效果 — 智慧教学范式择优+智慧教学范式推行

地方高校智慧教学改革的推进路径
- 智慧教学环境改革路径 — 打造全面支撑、平衡发展的智慧教学硬环境／构建体系精简、灵活易用的智慧教学软环境
- 智慧教学素养改革路径 — 强化理路清晰、能力全面的教师智慧教学素养／培育持续拓展、向上兼容的学生智慧学习素养
- 智慧教学模式改革路径 — 试行可用性强、落地度高的智慧教学改革模型／推广全学科向、细节度高的智慧教学改革模型
- 智慧教学评价改革路径 — 细化实效性强、针对度高的智慧教学评价体系／倒逼方向明确、评价科学的智慧教学实践修正
- 智慧教学资源改革路径 — 开发质量上乘、形式复合的智慧教学资源／统筹水平较低、重复性高的智慧教学资源
- 智慧教学生态改革路径 — 合围数据融通、智能互联的智慧教学信息生态／营建全时适用、动态调控的智慧教学服务生态

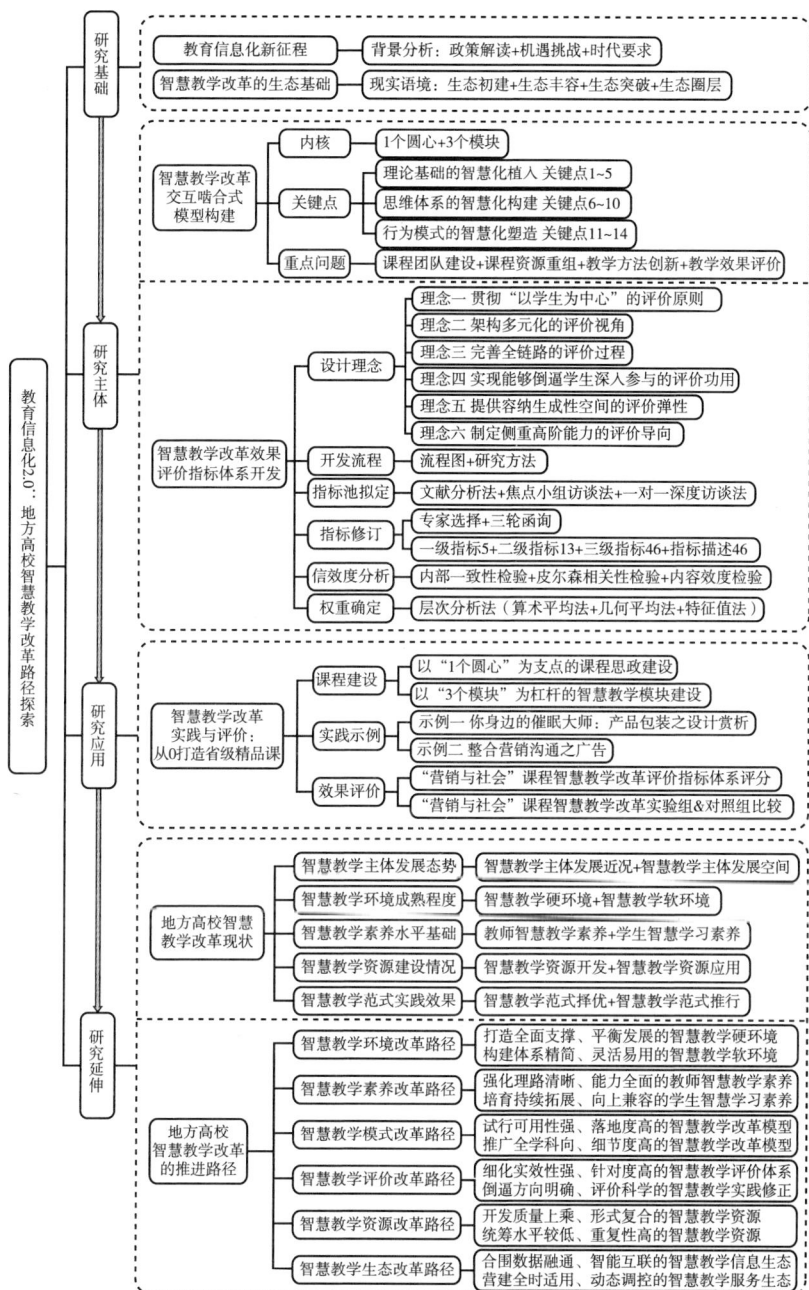

图 0-1　技术路线

本书主要应用了 5 类 7 种研究方法。第一类为文献分析法，即在所有能触及的数据库内对教育信息化 2.0 时代、教学改革、智慧教学、翻转课堂、混合式教学、教学模型、教学评价、智慧教学评价指标等相关内容进行了中、英文双语的文献检索与梳理，为本书的研究主体提供了丰富的参考资料并奠定了坚实的理论基础，保证了后续智慧教学改革模型建构与智慧教学改革效果评价指标体系开发的顺利进行。第二类为定性分析法，具体包含焦点小组访谈法和一对一深度访谈法，即在 IE-CES 智慧教学改革效果评价指标体系开发过程中的指标池拟定阶段选取了吉林省首届"智慧课堂教学创新大赛"部分获奖课程的相关获奖教师进行了焦点小组访谈，并对其主管领导进行了一对一深度访谈，同时对以上 2 种定性分析方法的综合运用为 IE-CES 智慧教学改革效果评价指标体系的指标池拟定提供了重要支撑。第三类为定量分析法，具体包含层次分析法以及问卷调查法，即在 IE-CES 智慧教学改革效果评价指标体系开发过程中的权重确定阶段采取了层次分析法量化指标权重，在 IE-CES 智慧教学改革效果评价指标体系开发过程中的指标修订阶段、信效度分析阶段、指标权重确定阶段以及基于"3P"模型的"营销与社会"课程智慧教学改革效果评价阶段辅以问卷调查法，为 IE-CES 智慧教学改革效果评价指标体系的最终形成以及智慧教学改革实践的评价提供了科学的依据，同时第六章"地方高校智慧教学改革现状"也运用定量分析法从多个角度统计分析了地方高校智慧教学改革的客观情况，为后续地方高校智慧教学改革推进路径的提出完善了现实基础。第四类为定性与定量相结合法，具体为德尔菲法，即在 IE-CES 智慧教学改革效果评价指标体系开发过程中的指标修订阶段选取了智慧教学以及教学评价领域内的相关专家进行了德尔菲法的三轮函询，为 IE-CES 智慧教学改革效果评价指标体系的开发提供了必要的方法保障。第五类为归纳演绎法，即在上述研究方法与研究内容的基础上通过归纳演绎有针对性地为地方高校智慧教学改革推进路径提出了可落地、有实效的 6 条主体推进路径、12 条分解推进路径以及 29 个落地实现步骤。

本书的首要创新点是研究对象与研究视角的创新：本书将研究对象聚焦到地方高校，立足中观视角，打通了从方法论到实操之间的智慧教学改革路径，丰富了智慧教学改革的相关研究。本书的重要创新点是教学模型的创新：本书在汲取现有教学理论、分析现有教学模型的基础上构建了为智慧教学改革服务的"3P"交互啮合式模型，这一智慧教学改革模型通过对信息技术的有机融合实现了学习全流程中的大数据准确记录反馈、数字化深入分析了解、智能化及时定位处理以及交互式动态全局把控，旨在完成从知识传授到能力培养再到价值塑造的三步跨越，为后续的智慧教学改革实践提供了理论模型，是智慧教学改革路径上的重要一环。本书的主要创新点是研究方法与教学评价的创新：在研究方法方面，本书创新性地将指标体系开发技术应用于教学质量评价，并成功开发了 IE-CES 智慧教学改革效果评价指标体系；在教学评价方面，IE-CES 智慧教学改革效果评价指标体系解决了目前智慧教学改革"有尝试但无考核"的困境，实现了对智慧教学改革效果的量化分析，可在智慧教学改革推广与优化进程中成为一线教育者准确识别智慧教学改革的问题所在从而及时做出有针对性的调整计划的主要依据。本书的紧要创新点是实践路径的创新：智慧教学为地方高校提升教育教学质量提供了一个可遇不可求的契机，但如何乘着教育信息化 2.0 时代的东风高效融合发展信息技术与教育教学从而打通智慧教学改革路径这一问题亟待解决，这已成为教育新时代下的教育新生态创设过程中无法回避的现实壁垒，本书在这一历史时机下，极具时效性地提出了针对地方高校智慧教学改革的推进路径，不仅能通过科学的模型降低地方高校智慧教学改革之路上的试错成本、助力地方高校提高教育教学质量并全面接入智慧教学新生态，还望能够为保障中国教育信息化2.0时代基本盘的实现、广泛输出与教育信息化2.0时代的教育目标相符的高层次人才做出一份满足时代紧迫性要求的贡献。

总体来说，本书站在教育信息化2.0时代的背景下，关注如何促进地方高校智慧教学改革的问题，选取智慧教学改革推进路径这一中观研究视角，通过深入的理论分析与严谨的研究设计，构建了一个切实可行的、服务于智慧教学改革的"3P"交互啮合式模型，并开发了一个科学客观的、针对于智慧教学改革效果的IE-CES评价指标体系，并进一步地为地方高校在教育信息化2.0时代有序、有效开展智慧教学改革提出了建设性的推进路径方案。

目　录

第一章
教育信息化新征程

第一节　从教育信息化1.0时代到
教育信息化2.0时代

信息化作为教育教学改革的重要动因[1]，一直在以自身的高速发展推动教育教学改革的持续深化，这也直接导致了教育信息化这一概念自诞生至今一直处于动态变化之中[2]。中国电化教育奠基人南国农先生指出，教育信息化是实现教育现代化的必要过程，在这一过程中涉及对信息技术的运用、对信息素养的培育、对教育资源的开发以及对教育过程的优化等多个要素[3]。中国首位教育技术学专业博士生导师何克抗先生指出，教育信息化是实现信息技术在教育教学领域的泛在应用的必要途径[4]。可以看出，教育信息化的内涵指向往往以目标式的描述出现，故教育信息化在实现其要义的过程中也往往以达成目标的阶段性内容作为其实践表现。

联合国教科文组织在2005年提出教育教学与信息技术的整合发展须经历起步、应用、融合以及创新四个阶段①，在这一理念的基础

① 联合国教科文组织亚太地区教育局（UNESCO Asia and Pacific Regional Bureau for Education）在2005年组织实施的"教师/协调人员有效利用信息通信技术改进教学的培训和专业发展项目"（Project on Training and Professional Development of Teachers/（转下页注）

上，中国教育部于 2012 年发布的《教育信息化十年发展规划
（2011-2020 年）》中提出中国的教育信息化进程主要分为两个阶
段，第一个阶段致力于教育信息化的起步建设与应用实践，第二个
阶段致力于教育信息化的融合深化与创新发展[5,6]。在中国教育教学
领域的话语体系中，中国教育信息化的第一个阶段也被称为教育信
息化 1.0 时代，中国教育信息化的第二个阶段也被称为教育信息化
2.0 时代。目前中国已经正式迈入教育信息化 2.0 时代，正在经历教
育信息化的融合深化与创新发展[7]，可以说中国教育信息化的进程
走到了兼具广阔机遇与重大挑战的十字路口，若想拥有万里前程，
还需不时回望来路，若想精准解读教育信息化的时代背景，必须先
厘清从教育信息化 1.0 到教育信息化 2.0 的历史发展道路。

教育信息化 1.0 时代并非教育信息化的历史起点，中国在 20 世
纪 70 年代即迎来了电化教育的发展浪潮，此为教育信息化的前
身[8]。此后 30 年间，中国教育教学领域的信息技术发展一直囿于电
化教育领域之内。直至《教育信息化十年发展规划（2011-2020
年）》正式颁布，中国的电化教育时代告一段落，正式开启教育信
息化 1.0 时代。

教育信息化 1.0 时代的发展重点在于教育信息化的起步建设与
应用实践，即在教育领域内完成对信息技术基础设施的建设保障并
推进对信息技术参与教学的实践探索。建设保障方面，教育信息化
1.0 时代实现了对"三通两平台"的全面建设，打通了校园宽带网

（接上页注①）Facilitators in Effective Use of ICTs for Improved Teaching and Learning）中
基于一系列教学法技术整合研讨会（Based on a Series of Workshops in Pedagogy-
Technology Integration）形成的"教学法—技术融合教师发展区域指南（工作草
案）"［Regional Guidelines on Teacher Development for Pedagogy-Technology Integration
（Working Draft）］中提出，草案内容见 https：//unesdoc. unesco. org/ark：/48223/
pf0000140577。

络的建设、打通了信息技术设备的建设、打通了网络学习空间的建设、完成了教育资源公共服务平台的建设以及完成了教育管理公共服务平台的建设；实践探索方面，教育信息化 1.0 时代实现了对"两教一学两改"的全面培育，提高了教师对信息技术的认知水平、提高了教师对信息技术的应用能力、提高了学生对信息技术的接受程度、强化了信息技术对教育教学改革的形式推动以及强化了信息技术对教育教学改革的模式塑造[7,9]。

总体来说，中国教育领域在教育信息化 1.0 时代以显著的成绩圆满完成了其肩负的阶段性任务，且在起步建设与应用实践的协同发展过程中探索出了一条具有中国特色的教育信息化道路，同时这一道路正在向世界迈进[10~13]。但在实现阶段性任务的同时，也意味着教育信息化 1.0 时代存在囿于其发展阶段的必然性限制——不触及融合与创新的建设与应用，只能是初级阶段的建设与应用。完成了信息技术基础设施的建设保障，接下来便需要更加多元化、系统化、沉浸化、迭代化的设施为信息技术与教育教学的融合发展提供助力；推进了信息技术参与教学的实践探索，接下来便需要更加深入化、全面化、整合化、链路化的改革为信息技术与教育教学的融合发展开辟土壤[14]。在发展进程的客观规律与教育教学的现实需求双重推动作用下，教育信息化 2.0 时代如期来临。

教育信息化 2.0 时代正式开启于 2017 年党的十九大之后[15]，中国教育部于 2018 年颁布了首个直指教育信息化 2.0 时代到来的政策性文件《教育信息化 2.0 行动计划》，这一教育信息化 2.0 时代的"先导性工程"为中国教育信息化的下一个发展阶段按下了开始键[8,16]。教育信息化 2.0 时代的发展重点在于教育信息化的融合深化与创新发展，即以教育教学为根本实现信息技术的融合深化并以信息技术为抓手推进教育教学改革的创新发展[6]，同时这一阶段的融合深化与创新发展又会反哺建设保障与实践探索的进阶。教育资源分配的重整、教育组织结构的重建、教育教学形态的重塑、教育教学模式的重构、教育教学体系的重组甚至教育教学生态的重造等必然性改变都正在随着教育信息化2.0时代一同到来[13,17]。中国教育在教育信息化2.0时代从中国特色教育信息化道路出发，目光更加悠远，日益显现出其对国际教育领域的影响[18]。

第二节 "互联网+"赋能教育信息化2.0时代

在教育信息化从1.0走向2.0的同时，信息技术也轰轰烈烈地迎来了其自身的指数爆炸式演化，一举跨入"互联网+"的技术变革新时期。在"互联网+"时期，信息技术得益于其所依赖的底层技术的大幅度跃进实现了层级式发展：信息存储技术大幅度跃进主要表现在存储容量的倍增与存储成本的下降，信息传输技术大幅度跃进主要表现在传输速度的突破与传输对象的扩展，信息计算技术大幅度跃进主要表现在计算形式的进化与计算速率的激增[8,19]。在众多底层技术大幅度跃进的客观技术发展前提下，"互联网+"携海量数据存储、5G网络、瞬时数据传输、物联网、实时数据处理以及大数据分析等技术悄然生发，打造了富集云存储、云传输、云计算以及云分析等在内的云智能[20]。

在2015年国务院颁布《国务院关于积极推进"互联网+"行动的指导意见》之后，"互联网+"以破竹之势用自身鲜明的技术特点与独特的技术功用对各个传统行业进行整合式渗透甚至重塑式渗透，教育教学领域也在"互联网+"浪潮的席卷下产生了剧烈的变革与深远的影响[21]。2018年4月，中国教育部在颁布的《教育信息化

2.0 行动计划》中提出要以"互联网+"推动教育信息化 2.0 时代的顺利发展，这一文件既被视作教育信息化 2.0 时代的开端，也被视作"互联网+教育"行业急速扩张的开端。《教育信息化 2.0 行动计划》在党的十九大提出的通过教育信息化与教育现代化的路径导向实现建设教育强国的目标引领的基础上进一步制定了建设教育强国的细化纲要，绘制了力争在 2022 年达成"三全两高一大"的教育信息化 2.0 行动计划蓝图。

"三全两高一大"蓝图勾勒了教育信息化的三个建设方向，即形成信息化的教育客体、培养信息化的教育能力以及打造信息化的教育平台[22,23]。具体来说，"三全"是指全体教师做到教学应用的普及、全体学生做到学习应用的普及以及全体学校做到数字校园的普及；"两高"是指提高师生的数字化水平以及提高师生的信息化素养；"一大"则是指打造"互联网+教育"的教育信息化大平台。通过"三全两高一大"的蓝图可以清晰地看见，教育信息化 2.0 行动计划的实施及实现与"互联网+"密不可分，"互联网+教育"立足于"互联网+"的信息技术发展，面向了教育信息化的教育教学发展，"互联网+"的时代不仅为教育信息化与教育现代化的发展打开了一扇充满可能性的大门，还为教育者与教育研究者铺设了通往教育信息化 2.0 的坦途。

"互联网+教育"之所以成为教育信息化 2.0 时代的必要根基绝不仅因为政策导向，而是切实存在广泛且深刻的现实需求，可以说"互联网+"以其信息技术的高水平发展、应用、融合与创新有力支撑并有效推进了教育信息化的建设、应用、融合与创新。

在建设与应用方面，"互联网+教育"主要体现在对信息化教育平台的建设与应用、对信息化教育资源的建设与应用以及对信息化教育软件的建设与应用[21]。在教育信息化 2.0 时代的发展进程中，

"互联网+教育"为信息化教育平台的建设与应用提供了信息化的教育空间，同时信息化的教育空间所展现出的一体化与抽象化特征打破了以往由于物理空间难以转变造成的对教学的限制，此外教师对信息化教育平台的建设与应用可以在教学过程中实现减少重复性输出、避免机械性评价、弱化主观性管理，学生对信息化教育平台的应用可以在学习过程中实现多次选择性输入、追踪个性化评价、系统科学性管理；为信息化教育资源的建设与应用提供了公开化的教育素材，同时公开化的教育素材所展现出的公开性与流动性特征打破了以往由于配置资源难以均衡造成的对教学的限制，此外教师对信息化教育资源的建设与应用可以在教学过程中实现汲取优质内容、自建个性体系、综合多重视角，学生对信息化教育资源的应用可以在学习过程中实现触及优质内容、匹配个性体系、体会多重视角；为信息化教育软件的建设与应用提供了信息化的教育工具，同时信息化的教育工具所展现出的灵活性与智能性特征打破了以往由于传统工具难以合宜造成的对教学的限制，此外教师对信息化教育软件的应用可以在教学过程中实现掌握多元教学手段、获取即时教学反馈、挖掘深层教学痛点，学生对信息化教育软件的应用可以在学习过程中实现参与多元学习方式、拥有即时学习互动、明晰深层学习难点[24]。

在融合与创新方面，"互联网+教育"主要体现在对信息化教育要素的融合与创新、对信息化教育模式的融合与创新以及对信息化教育思想的融合与创新[25]。在教育信息化 2.0 时代的发展进程中，对信息化教育要素的融合与创新主要表现为全面调整"互联网+教育"的要素情况，以信息化教育要素为触点进行配平式调整，通过对教学内容、教学方法、教学过程以及教学评价等部分的调整实现对教学体系的重构；对信息化教育模式的融合与创新主要表现为系统认识"互联网+教育"的模式需求，以信息化教育模式为支点进行结构性变革，通过对教育形态、教育环境、教育渠道以及教育场景等部分的变革实现对教育生态的重塑；对信息化教育思想的融合与创新主要表现为深刻理解"互联网+教育"的思想根源，以信息化教育思想为奇点进行理论性创建，通过对教改观点、教改理论、教改方向以及教改体系等部分的创建实现对教改格局的重建[26,27]。

"互联网+"对教育信息化2.0时代的赋能体现在教育教学领域内的方方面面，其影响盘根错节、千头万绪，时至今日，本是教育领域外生变量的信息技术已然通过"互联网+教育"完成了一定程度的内嵌，脱离"互联网+"的信息技术背景空谈教育信息化2.0显然背离了客观基础，一如脱离教育信息化2.0的时代背景空谈中国高等教育事业的发展不具备现实意义。

第三节　教育信息化2.0时代的新特征与新要求

一方面，教育信息化2.0时代站在信息技术蓬勃发展的历史拐点上，借势"互联网+"的日趋成熟而大有增益，在探求融合与创新的同时再度推动了建设与应用的深化发展，另一方面，教育信息化2.0时代也必须正视其应承担的更高层次的阶段性任务，例如对教学改革新模式的构建、对教学评价新体系的开发、对教育发展新路径的探索以及对教育教学新生态的打造[28,29]。为了有效达成教育信息化2.0时代的阶段性任务，每一位心系中国高等教育教学发展的高教人都有必要慎重考量教育信息化2.0时代在信息技术与教育教学双重领域聚变下应面对的新特征与新要求。

教育信息化2.0时代的第一个新特征是教学资源的复合性。此阶段的教学资源不再是单一化的形态与段落化的内容，而应是以完整的课程架构为基础制作的复合的教学资源集束，包括但不限于多形态的教学资源、多层次的教学资源、多视角的教学资源以及多结构的教学资源[6]。这一新特征带来了教育信息化 2.0 时代的第一个新要求，即教育资源的合理调控与分配。制作教学资源需要教育资源的支持，在集中教育资源制作精品教学资源从而通过大规模应用精品教学资源实现高效利用教育资源的过程中，如何区分制造教学资源与应用教学资源的教师、如何保障精品教学资源的应用规模、如何提升精品教学资源在全范围内的综合应用效果等问题都需要通过教育资源的合理调控与分配解决。

教育信息化 2.0 时代的第二个新特征是信息素养的全面性。此阶段的信息素养不再是口号式的标语与具象化的操作，而应是以开放的学习态度为基础培育出全面的信息技术能力，包括但不限于对信息化教学平台与信息化教学软件的应用、对信息化教学资源的制作与整合、对信息化教学活动的设计与调整以及对信息化管理流程的设置与把控[30,31]。这一新特征带来了教育信息化 2.0 时代的第二个新要求，即信息素养的终身培育与强化。信息技术的更迭与发展迅速又广泛，教育教学领域内全新的信息化硬件与软件层出不穷，具备部分的信息技术能力不足以应对教育流程中全部的教育教学问题、具备一时的信息技术能力不足以应对教育生涯中全部的教育教学问题，因此在面向未来的教育信息化 2.0 时代中，若想持续拥有全面的信息素养则需要通过信息素养的终身培育与强化解决。

教育信息化 2.0 时代的第三个新特征是教学改革的系统性。此阶段的教学改革不再是散点式的尝试与突发性的探索，而应是以科学的教育理论为基础构建出系统的教学改革方案，包括但不限于教学目标改革方案、教学流程改革方案、教学内容改革方案以及教学方法改革方案[8,32,33]。这一新特征带来了教育信息化 2.0 时代的第三个新要求，即教学改革的模式探索与建设。虽然教育领域内对教育信息化带来的革命性影响一致认同，但由于既往的教学改革多不谈理论、不成体系、不具模式，故其教学改革效果也较为有限，碍于教学改革水平的制约，甚至有相当一部分教学改革得不到与原有教学实践具有显著差异的改革成效[34]，因此若想通过教学改革实现教育信息化的应有之义则需要教学改革的模式探索与建设。

教育信息化 2.0 时代的第四个新特征是教学评价的准确性。此阶段的教学评价不再是终点式的评判与程式化的要求，而应是以多元的考核轴心为基础开发出科学的教学评价体系，包括但不限于形成性评价与总结性评价相结合，线上评价与线下评价相结合，教辅软件评价与教师评价相结合以及教师评价、学生评价与同伴互评相结合[35]。这一新特征带来了教育信息化 2.0 时代的第四个新要求，即教学评价的体系开发与应用。目前，教育信息化 1.0 时代到教育信息化 2.0 时代的教学改革实践一直缺乏相应的教学改革评价体系[36]，如何确定教育信息化的阶段教学改革成效、如何对相关的教学改革实践进行调整、如何对相关的教学改革模型进行修正都需要通过教学评价的体系开发与应用解决。

教育信息化 2.0 时代的第五个新特征是教学环境的沉浸性。此阶段的教学环境不再是个别化的硬件与边缘化的软件，而应是以全面的设施配备为基础打造出沉浸的教学环境体验，包括但不限于信息化校园、信息化教室、信息化平台以及信息化软件[37,38]。这一新特征带来了教育信息化 2.0 时代的第五个新要求，即教学环境的系统构建与联通。教育信息化 1.0 时代的信息化教学环境建设以宽带网络以及入门级多媒体设备为主，在信息化的教学改革实践中虽有所裨益但效果有限，只能在部分教学流程与少数教学活动中体现出较传统教学的优势，若想实现教学环境对教学改革全部流程与全部活动的有效助力则需要教学环境的系统构建与联通。

教育信息化 2.0 时代的第六个新特征是教育生态的人文性。此阶段的教育生态不再是冷漠的系统与机械化的反馈，而应是以柔性的教育观点为基础打造的人文教育生态系统，包括但不限于体系的人文性、管理的人文性、互动的人文性以及反馈的人文性[2]。这一新特征带来了教育信息化 2.0 时代的第六个新要求，即教育生态的动态协同与共生。在教育信息化 1.0 时代的信息化教学改革实践中，线上与线下相对隔离、教师与学生相对隔离、人与机器相对隔离、教育与情感相对隔离，若想实现线上与线下的生态融合、教师与学生的生态融合、人与机器的生态融合以及教育与情感的生态融合则需要教育生态的动态协同与共生[39]。

第二章
智慧教学改革的生态基础

智慧教学改革不是由传统教学一蹴而就地发展来的，而是经历了多个阶段的教学改革生态基础演变过程演变而来的。其中对智慧教学改革最为重要的两个阶段即为混合式教学改革阶段与翻转课堂改革阶段，这两个阶段的教育教学改革与发展可以说对智慧教学改革生态圈层的形成起到了不可或缺的前置功用，其中混合式教学起到了夯实根基的生态初建作用、翻转课堂起到了深化拓展的生态丰容作用。在这两个阶段的教学改革生态基础之上，智慧教学改革阶段得以顺利地推进，并成功地实现了积土成山的生态突破作用，从而在现实语境中形成了属于智慧教学改革的生态圈层。

第一节　生态初建：混合式教学

混合式教学也叫作"融合性教学"，即"Blended Learning"，是在 20 世纪末曾经活跃在教育实务领域中的"E-Learning"的基础上进一步发展形成的[40]。在对混合式教学进行研究的初期，"混合"的含义还不明朗，彼时的学者对混合式教学的认知也相对模糊，例如学者 Singh 和 Reed 认为混合式教学是对教学时间、教学技术、教学风格以及教学对象的混合[41]，学者 Driscoll 则认为混合式教学是对教学技术与教学目标的混合[42]。这种认知不仅给研究者带来了"混合什么"的困惑，还带来了"如何混合"的困惑，因为此时对混合式教学的解释均认为混合式教学是不同方面之间的混合，而如何在不同方面之间做出选取与匹配以实现最佳的混合效果迟迟无解。

随着对混合式教学研究的深入，研究者们逐渐发现混合式教学虽须考虑多个方面，但各方面之间应是结合的关系，"混合"的本质是各个方面内的混合[43~47]。例如，学者董庆华和郭广生提出混合式教学在教学理论方面是认知主义理论、行为主义理论与建构主义理论的混合[48]；学者余胜泉等提出混合式教学在教学方式方面是面对面教学与在线教学的混合[49]。此外，混合式教学还涉及教学方法（讲解式、讨论式以及实践式等）、教学活动（头脑风暴、情景模拟以及案例探究等）、教学手段（多媒体、软件以及硬件等）、教学资源（思维导图、教学视频以及在线教材等）、教学组织（全班、小组以及个别等）、教学评价（过程性评价、终结性评价以及开放性评价等）与教学目标（知识目标、能力目标以及情感目标等）等多个方面内的混合[50~54]。对混合式教学认知的迭代同时解决了"混合什么"与"如何混合"两个问题，即混合式教学的核心设计思路是在保证各方面内的混合丰富度与自由度的前提下，完成各方面间的结合。

中国最早关注混合式教学这一概念的学者是何克抗[55,56]、李克东和赵建华[57]，他们着重强调了教学方式的混合对混合式教学的重要性，并提出只有充分混合传统教学与数字化教学的优势才能有效提升教学效率。同时期，学者田富鹏、焦道利强调了在教学方式混合的基础上，教学目标以及教学评价的混合对混合式教学的重要性[58]。后续，学者邹景平强调了混合式教学在教学方式方面除了要考虑线上与线下的混合外，还要考虑同步与异步的混合[59]。学者黎加厚则强调了艺术化的混合式教学需要保证各方面内的混合自由度[60,61]。此外，还有学者进一步将研究方向聚焦在混合式教学的具体流程上[49,57]，并提出了8个步骤或4个环节等服务于教学方式混合的教学流程。从以上研究中可以见得，依托于"互联网+"的时代特性，相关学者对混合式教学的研究近乎全部以线上加线下的教学方式混合为基础，这足以证明线上、线下混合对混合式教学的支柱性作用，故而近年来中国各级课程类评选也开始为采用"线上+线下"混合式教学的课程留出一席之地。

"线上+线下"混合式教学是在保留面对面教学优势的基础上，依据学生的认知发展规律对信息技术进行有机整合从而形成的新型教学方式[62]。采用单一的面对面教学或单一的远程教学的教学效果与采用"线上+线下"混合式教学的教学效果相去甚远，"线上+线下"混合式教学在传统与现代的教学方式的叠加融合这一表象背后蕴含的是教学理论的深度融合——是在教学理论的迭代过程中取各种教学理论之精华的有机融合，不仅能取传统封闭式课堂之所长，发挥教师在教学过程中的引导、监控、启发等作用，还能取线上开放式课程之所长，体现学生作为学习主体的能动性、实践性与创造性[55,57,63]。

"线上+线下"混合式教学的发展为智慧教学改革生态圈层的形成提供了必要的现实基础，颇具规模的"线上+线下"混合式教学的课程探索初步建成了智慧教学改革的生态版图，故混合式教学改革也可被视作智慧教学改革的生态初建阶段。虽然从教学改革进程的客观规律来看，中国的混合式教学总体上还处于理论与实践的探索期，但随着"互联网+教育"的深化融合，"线上+线下"混合式教学正在成为教育领域不可阻挡的发展方向。

第二节 生态丰容：翻转课堂

学者 Lage 等人在 20 世纪伊始提出了"Inverted Classroom"的概

念[64]，这便是翻转课堂的理论雏形，但此时这一概念并未受到教育学界的广泛关注与认可[65]。直至2007年，才有教师开始进行翻转课堂的教学改革实践，当时两位美国高中教师 Jonathan Bergmann 和 Aaron Sams 采用了让学生在家中自行观看教学视频学习新知识，在课堂组织答疑、讨论等互动活动的方式授课[66]。同年，注意到翻转课堂这一教学形式新变革的 Salman Khan 开始在社交网站上上传免费的、横跨多领域的课程讲解视频，两年后，月点击量达数百万次的"可汗学院"被授予"微软技术奖——教育奖"，这直接推动并引领了美国教育界的翻转课堂改革潮流[67~69]。此后，陆续有大学课堂尝试了这种实验性的教学方式，并将其称为 "Flipped Classroom" 或 "Classroom Flip"[70,71]。

哈佛大学物理学教授 Mazur 关于学习过程的相关理论即为较早被应用于支持开展翻转课堂的理论研究之一[72]，他提出的将教学过程分为知识传递和知识内化两个步骤并在课堂上采用同伴互助教学这一教学形式的教学理论与翻转课堂的教学实践不谋而合，即在私域空间通过教学资源传递知识，在公域空间通过教学互动内化知识[73~75]。也就是说翻转课堂的本质是教学形式的调整与重塑，这种将传统的"先教后学""边教边学"改为"先学后教"的创新教学形式实现了对教学流程、教学时空以及教学结构的多重改变[76,77]。同时得益于"互联网+"的时代背景，翻转课堂这一教学形式下的学生在"先学"的部分能够接触到多种信息化的智慧教学资源，这也是翻转课堂的教学改革能够顺利推进的重要原因之一[78~80]。

到了21世纪20年代初，翻转课堂这一新兴的教育形式逐渐引起了中国教育界的讨论与研究，同时翻转课堂这一对教学流程逆序创新的教学形式的教学优势也得到了学界的广泛认可[75,81~83]。翻转课堂对教学流程的重塑能够极大地提高教学深度，这种将低阶认知目标留在私域空间完成、将高阶认知目标放在公域空间完成的教学形式不仅能培养学生自主学习的认知与习惯，还能够全面提升学生探究与分析、整合与建构以及应用与反思的高阶能力[84~86]；翻转课堂对教学时空的重塑能够极大地提高教学效率，教师不再是学习的推动者而是学习的指导者，学生不再是学习的跟随者而是学习的发起者，让教师只需成为学习的向导，而学生则成为学习的主人[87~89]；翻转课堂对教学结构的重塑能够更有针对性地摸清学生对知识的认知情况，并且有助于在讨论与实践中为学生做出个性化的调整，使学生能够在知识层叠的多个流程中获得更多补齐知识短板、弥合知识裂缝的机会[90,91]。

翻转课堂的改革为智慧教学改革生态圈层的形成提供了重要的形式选择，数量可观的翻转课堂的课程实践拓展充实了智慧教学改革的生态领域，故翻转课堂也可被视作智慧教学改革的生态丰容阶段。近年来中国的一线教育者陆续投入到翻转课堂的教学改革实践当中，目前翻转课堂在中国各地区的各教育阶段中均有相当规模的课程实操经验，同时经过近十年的摸索、调整、磨合与修正，翻转课堂已经在一定程度上重塑了中国的教育形式。

第三节　生态突破：智慧教学

智慧教学一词源于英文"Smart Teaching"，也译作"智慧教育"或"智能教育"，后在中译英的过程中也有学者将其二次翻译为"Intelligent Teaching"。随着《国家中长期教育改革和发展规划纲要（2010-2020年）》以及《教育信息化十年发展规划（2011-2020年）》等中国教育领域远期发展规划的政策性文件出台，走进中国教育学界视野不多时的智慧教学理念获得了理论界与实践界的高度关注。如果说教育数字化是走向教育信息化的必经之路，那么教育智慧化就是实现教育信息化的必然结果[92]。

智慧教学的定义目前众说纷纭，还未有得到多数教育学领域内学者公认的版本。例如，学者祝智庭等提出智慧教学是教育者在构建的智慧学习环境中运用智慧教学方法进行教学以促进学习者实现智慧学习的教育行为，强调智慧教学的智慧化目的[93]；学者杨现民提出智慧教学是依托信息技术打造的能够满足数字教育高阶发展的教育信息系统，强调智慧教学的智慧化环境[92]；学者陈琳提出智慧教学是将信息技术有效融入教学与学习、管理与评价、目标与服务的教学新形态，强调智慧教学的智慧化过程[94]；学者代洪彬和于洪涛则认为智慧教学是教学者利用新媒体教学设备实施的、能够根据学习者的具体特征进行针对性调整的高质量教学，强调智慧教学的智慧化手段[95,96]。

虽然对智慧教学的定义尚未达成一致，但是智慧教学的内涵基本得到了学界公认。从目标来看，智慧教学是为了培育具有高智慧与高创造力的学习者，从而全面提高各教育阶段的成才期望[93,97~100]；从方案来看，智慧教学需要对学习者因材施教，根据学习者的学习背景、认知程度、个性特质等因素做定制化的教学调整[96,101,102]；从流程来看，智慧教学包含知识汲取、实践应用以及教学评价等多个教学环节[103~106]；从主体来看，智慧教学应先培育出具有智慧教学素养的教育者，再引导出具有智慧学习能力的学习者[26,97,99]；从环境来看，智慧教学须构建并提供智慧化的教学硬件以及教学软件，包括但不限于智慧校园、智慧教室以及智慧应用等环境要素[107~113]；从资源来看，智慧教学集成微课、慕课等多种信息化素材[114~116]；从时空来看，智慧教学满足时间上的存储性、流动性与叠加性以及空间上的随行性、沟通性与沉浸性，即教学内容可存储、教学节点可流动、教学效能可叠加、教学地点可随行、教学对象可沟通以及教学氛围可沉浸[93,100,117,118]；从范围来看，智慧教学可以应用于从幼儿教育到高等教育的全层次、从学科教育到技能教育的全方向、从学校教育到社会教育的全频段以及从科普性教学到研究性教育的全功能[119,120]。

综合多方对智慧教学的定义，以智慧教学的内涵为出发点，本书认为智慧教学是可应用于全教育层次、全教育方向、全教育频段以及全教育功能等全范围的，且具有教学内容可存储、教学节点可流动、教学效能可叠加、教学地点可随行、教学对象可沟通以及教学氛围可沉浸等时空特性的教学活动，具体指在智慧环境下通过智慧软、硬件的支持，合理运用信息化智慧资源，使得具有智慧教学素养的教育者能够对学习者的智慧学习能力进行引导并完成个性化教学与实践，从而实现培育智慧学习者这一智慧教学目标的教学模式。智慧教学的出现为智慧教学改革生态圈层的形成提供了切要的临界晶核，异军突起的智慧教学的课程设计合围架构了智慧教学改革的生态系统，故智慧教学自身无疑是智慧教学改革的生态突破阶段。

第四节　生态圈层：智慧教学的现实语境

对"线上+线下"混合式教学的合理设计能够在教学效果的提升方面实现"一加一远大于二"的成效，而其中的"合理设计"指的则是以翻转课堂的教学形式进行的相应设计[121~124]。可以说综合采用翻转课堂的教学形式以及"线上+线下"混合式教学的教学方式的教学改革是影响力最大、实效性最强、认可度最高且发展前景最明朗的教学改革方向。也正是因此，在现阶段的教学改革理论探讨、教学改革实践以及教学改革评奖机制中，"智慧教学"一词表述的往往是"线上+线下"混合式教学与翻转课堂之和，亦即在教育领域的现实语境下，智慧教学是对"线上+线下"的教学方式与"线上先学线下后教"的教学形式的深度融合。具体来说，智慧教学是综合运用翻转课堂的教学形式以及"线上+线下"混合式教学的教学方式的新生态教学模式。智慧教学现实语境的明晰为智慧教学改革生态圈层的形成提供了充分的闭环要素，完善补足了智慧教学改革的生态背景，直接促成了智慧教学改革的生态圈层搭建。

在厘清了智慧教学的现实内涵后，便不难发现智慧教学确实是在教学实践中充分贯彻"以学生为中心"的核心思想的最优之选。智慧教学能够实现教师的指导者身份与学生的发起者身份的共轭[125]，能够让学生在学习过程中实现对知识的主动探索、交互学习、深度构建以及定向实践，能够在学习环境的转换、学习时间的分配、学习重点的差异、学习角色的流动过程中形成传统与创新的合力、理论与实践的合力，从而实现智慧教学的高适配度与高浓缩度。但目前对于智慧教学甚至智慧教学改革生态圈层内的混合式教学与翻转课堂的研究呈现相同的趋势，即研究方向的两极化：中国学者对智慧教学等教育教学改革领域的关注或是集中在其内涵与意义等宏观问题，或是集中在大方向下某一具体方面的实操细节等微观问题，对智慧教学改革推进路径这一中观问题的研究尚属空白。同时，对于宏观的、偏向教育学本源的研究以及对于微观的、偏向信息技术的研究还导致了对智慧教学改革实务研究的匮乏，再具体到对地方高校智慧教学改革实务的研究就更少了。作为近年来教学改革的热点方向，却鲜少有研究能够针对高校的智慧教学改革给出具有高度落地性的建议。

故本书选取智慧教学改革推进路径这一中观视角，弥补了在教学改革的研究领域内对教学改革推进路径这一中观问题的研究空缺。同时，本书选取地方高校作为研究对象，通过研究其智慧教学改革推进路径丰富了教学改革实务领域，尤其是地方高校教学改革实务领域的研究。此外，本书紧贴智慧教学的现实语境，致力于智慧教学这一综合运用翻转课堂的教学形式以及"线上+线下"混合式教学的教学方式的新生态教学模式的改革推进路径研究，力争在教育信息化2.0时代的背景下，以全面化、立体化的智慧教学改革研究系列成果为地方高校的智慧教学改革提出具体可行的推进路径建议。

第三章
智慧教学改革交互啮合式模型构建

第一节　模型构建的内核：1个圆心与3个模块

现代教学理论的发展历程涵盖了行为主义、认知主义以及建构主义三个主要阶段[126~128]。其中行为主义教学理论与认知主义教学理论将教育者视为教育过程中的主体，这种对教师的主体地位的推崇使得在这两种教学理论指导下的传统教学模式展露出了死板性与被动性等负面特性[129~132]；而建构主义教学理论则将学习者视为教育过程中的主体，这种以学生为主体的教学模式与传统的以教师为主体的教学模式相比更注重最大限度地激发学生的能动性，能够有效培养学生的自主学习能力、控制能力以及创造能力[133~135]。建构主义教学理论认为学习者需要经历高度个性化的、覆盖"知识学习—知识建构—知识运用"三个阶段的学习过程才能真正掌握知识[136,137]，这就意味着从建构主义教学理论出发的教学绝不再是教师以单一的讲授方式向学生进行单向知识传递的过程，而是要实现对教学模式中的教学目标、教学手段、教学流程、教学主体、教学环境、教学资源、教学时空以及教学范围等方面与教学形式和教学方式的协同建构，以促进学生对知识的摄取、整合与内化[138~142]。在传统课堂中想要充分实践建构主义教学理论几乎是无法完成的事，但得益于"互联网+"的时代背景，在教育信息化 2.0 时代，在高度发达的信息技术加持下，在教学过程中采取以翻转课堂的教学形式和"线上+线下"混合式教学的教学方式为基础的智慧教学模式可实现对建构主义教学理论的充分实践。

建构主义教学理论认为学习者若想真正掌握知识须经过三个步骤：知识学习，即在已学知识的背景下理解新知识以完成知识摄取；知识建构，即在原有经验的基础上融入新知识以完成知识整合；知识运用，即在真实情境的体验中应用新知识以完成知识内化[137]。从建构主义教学理论出发，立足于高等教育阶段设置的课程多以理论知识与实践知识螺旋式交互攀升为特点，以 Mazur 的"知识传递+知识内化"两个学习阶段的理论模型为设计原点[72]，本书构建了"3P"交互啮合式智慧教学改革模型，该模型内核包含了 1 个圆心与 3 个模块（见图 3-1），即"课程思政" 1 个圆心与"Push"（理论基础的智慧化植入）、"Pull"（思维体系的智慧化构建）以及"Practice"（行为模式的智慧化塑造）3 个模块，其中 Push 模块对应的是建构主义教学理论中的知识学习阶段，Pull 模块对应的是建构主义教学理论中的知识建构阶段，Practice 模块对应的则是建构主义教学理论中的知识运用阶段。

"3P"交互啮合式智慧教学改革模型内核中 3 个模块的设计以采取翻转课堂的教学形式以及"线上+线下"混合式教学的教学方式为基础的智慧教学模式为前提，因此对"3P"交互啮合式智慧教学改革模型的应用也须匹配智慧教学模式，可以说"3P"交互啮合式智慧教学改革模型的内核即地方高校智慧教学改革推进路径的起点。"3P"交互啮合式智慧教学改革模型致力于将线上理论知识的系列视频、线下重点难点的翻转课堂以及课外变式问题的实操演练 3 个

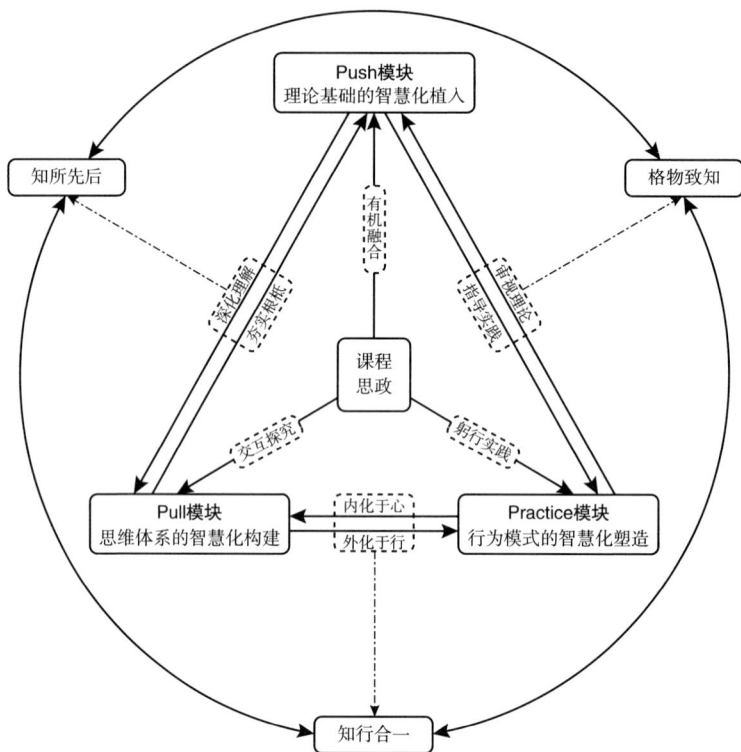

图 3-1 "3P"交互啮合式智慧教学改革模型的内核

环节有机整合，其中线上系列视频可以让学生拥有更加灵活的学习时间，形成初步的碎片化的知识管理，从而调动学生自主学习的积极性；线下翻转课堂则是在线上系列视频的基础上，引领学生实现深化探究，从而培养学生的高级思维以及解决复杂问题的综合能力；课后实操演练是理论知识向真实社会环境的延伸，这不仅是对"知行合一"的有效检验，更是帮助学生感受职场角色并尽早进行职业规划的有效方式。"3P"交互啮合式智慧教学改革模型有效实现了智慧教学、翻转课堂和混合式教学的三重方向交叠组合，实现了理论基础植入、思维体系构建以及行为模式塑造的三重阶段交互啮合，实现了理论与实践、知识与行为以及学科与人的三重目标交融整合，实现了表现为拥有多条可形成闭环的完整联动机制的三重维度交错相合，且以上三重方向、三重阶段、三重目标、三重维度均殊途同归地指导于"知所先后、格物致知、知行合一"的智慧教学改革模型宗旨。

此外，"3P"交互啮合式智慧教学改革模型内核中的1个圆心无疑是该模型的点睛之笔，也可谓是该模型的灵魂。虽然学科教育在中国的研究、发展与实践一直以马克思主义与社会科学方法论为指导，但是在当下的学科教育实践中仍存在一些不符合主流价值诉求的伦理失范现象，这些内容严重违背了社会主义核心价值观，影响了社会生态系统的健康发展，更扰乱了市场秩序、危害了人民群众的切身利益。由此可见，在高校课程中融入思想政治教育是十分必要的。于是，"3P"交互啮合式智慧教学改革模型以"金课"立德树人的教育作用为量，在智慧教学改革模型内核的构建过程中深度嵌合了"课程思政"这一模型圆心，在 Push 模块中实现了理论知识与思政元素的有机融合，在 Pull 模块中实现了课堂互动与思政意识的交互探究，在 Practice 模块中实现了实操活动与思政素养的躬行实践，在"3P"交互啮合式智慧教学改革模型内达成了"课程思政"嵌合深度与嵌合效度的最优化。

第二节　模型构建的14个关键点

一　理论基础的智慧化植入

Push 模块主要完成知识学习阶段的任务，即在已学知识的背景下理解新知识以完成知识摄取。这一模块的设计采用了两步走的阶段式策略：先抽丝剥茧地"脱分化"出传统教学的目的，即理论基础的知识学习，再从实现理论基础的知识学习这一传统教学目的重新出发，"再分化"出智慧化的全新教学模式，最终通过"脱分化"与"再分化"实现教学目标的延展与教学资源的扩充。**Push** 模块的具体建设内容包括如下 5 个关键点。

关键点 1：明确整体学习规划，形成完整的线上任务序列。培养自主学习能力势必要先培养自我规划能力，这一关键点的设计目的就是通过提供具象化的、系统化的时间节点作为参考来帮助学生明确学习任务从而制定合理的学习计划。

关键点 2：遵循学生主导原则，撰写问题型章节预习大纲。以"问号"的推进作为主体逻辑的章节预习大纲能够有效激发学习者主动将"问号"变成"句号"的求知欲望，这一关键点的设计目的就是以问题为导向保障学生自主学习时的思维活跃度从而调动学生攻克问题、寻求答案的能动性。

关键点 3：设计线上课程视频，搭建合理的新旧知识梯度。线上课程要在充分考虑学生碎片化学习需求的前提下综合设计课程的知识体系，运用多样化的教学素材制作时长适宜的梯度化视频，保证每个视频都能让学生在学习新知识的基础上回忆起部分相关的旧知识点，这一关键点的设计目的就是通过合理的知识梯度加深学生的学习印象并使其初步形成对知识点的层次化认知。

关键点 4：结合记忆规律曲线，进行阶段性知识积累考核。与艾宾浩斯记忆曲线相契合的考核与反馈频率可以最大效能地帮助学生调整学习节奏，包括弹题测试、章测试以及期末综合测试的阶段性考核能够倒逼学生在多处记忆结点反复夯实知识，这一关键点的设计目的就是通过知识的重复强化保障学生对学科基础知识的熟悉程度。

关键点 5：指导重点难点问题，实现沉浸式知识互动解答。利用"智慧树"等智慧教学平台以及"知到"等智慧学习辅助软件实现教师与学生以及学生与学生的点对点沟通，在公开的讨论渠道中为提出问题的学生提供个性化释疑与沉浸式讨论，在解决发帖者疑惑的同时还拥有对浏览者的附加值，这一关键点的设计目的就是通过在线公域空间"多对多集合"式的互动帮助学习者理解重点、难点知识以形成扎实的学科基础。

二 思维体系的智慧化构建

Pull 模块主要完成知识建构阶段的任务，即在原有经验的基础上融入新知识以完成知识整合。这一模块的设计以线上与线下的结合作为重要手段，力求打造与现实高度交融的智慧教学元宇宙，即通过交叉利用移动智能终端、智慧教学平台以及智慧教学辅助软件等智慧教学工具实现线上与线下的多重结合，通过全面打造智慧化的教学生态、教学资源、教学方法以及教学活动等智慧教学要素实现线上与线下的深度结合，通过精准推送、动态监控、实时反馈以及大数据分析等智慧教学功能实现线上与线下的有机结合。Pull 模块的具体建设内容包括如下 5 个关键点。

关键点 6：结合新型热点案例，剖析现实向问题理论机制。在提供经典内容的基础上，辅以新兴案例、流量事件或热点词汇作为知识的导入或扩展，同时在智慧教学平台或智慧教学辅助软件中的课程论坛、问答专区、讨论专区等社群模块设置专题以满足学生进一步探讨的需求，这一关键点的设计目的就是以身边人、社会事为切入点激发学生的学科探究兴趣并培养学生对学科现实功用的认知。

关键点 7：组织多元教学活动，打造多感官联动沉浸课堂。在线下翻转课堂中综合设计以解决现实问题为导向的情景模拟、项目探究、研讨辩论、案例分析、命题比赛等多种以练代讲、边练边讲的教学活动，充分调动学生的听觉、视觉、运动、语言等多重感官，打造重难点问题能听懂、能看清、能实践、能交流的沉浸式课堂体验，这一关键点的设计目的就是通过多感官的协同参与帮助学生以既往经验与已有知识为触角整合新知识并建立知识体系。

关键点 8：利用移动教辅软件，创设多点位网状交互情境。在线下翻转课堂中利用智慧教学辅助软件中的头脑风暴、小组任务、答疑讨论、问卷投票等功能实现全面互动、实时统计、大数据分析与个性化追踪，在提升课堂趣味性的同时实现师生之间与生生之间的多端沟通，这一关键点的设计目的就是通过对传统课堂沟通方式的突破实现课堂参与者的高效交互。

关键点 9：发起线上探究讨论，鼓励个性化问题深度探讨。在智慧教学平台或智慧教学辅助软件中的社群模块发起对高阶问题、扩展问题以及生成性问题的深入讨论，鼓励个性化问题的探讨与个性化观点的输出，这一关键点的设计目的就是在引导学生进一步完善知识体系的同时培育学生的开放性思维、批判性思维以及创造性思维。

关键点 10：开设系列专题直播，聚焦挑战性变式应用问题。根据具体的人才培养目标以及专业培养要求，每学期设置 2~4 次专题直播课，以学科的核心理论、关键逻辑、经典案例以及前沿趋势等作为专题主题，实现对课程的纵向挖掘与横向拓展，这一关键点的设计目的就是通过创新性深度钻研以及高阶性变式思考聚焦课程的重、难、要点并进一步引导学生学思结合。

三　行为模式的智慧化塑造

Practice 模块主要完成知识运用阶段的任务，即在真实情境的体验中应用新知识以完成知识内化。这一模块的设计细致拆解了实践教学的必要进程，同时作用于模拟实训、学科竞赛、职业发展、创业辅导等各个重点环节，并挖掘了专项打磨、专业培养、专才指导、专案跟踪等教师的创新职能，致力于培育知识内化于心、人格外化于行的高素质应用型人才。Practice 模块的具体建设内容包括如下 4 个关键点。

关键点 11：开展专项模拟实训，全面化打磨技能实操水平。在实践课时中设计梯度明显的多次校内外模拟实训内容，包括但不限于基础实践类的专项系列课程、综合实训类的专项短期任务、校企合作类的专项专岗实习等，这一关键点的设计目的就是在锻炼重点技能、接触典型问题、体验真实工作等实训进程中推动学生对知识体系的运用与内化。

关键点 12：鼓励专业学科竞赛，分层化培养复合人才能力。通过在校、院、系内设置加码综测、抵扣学分、配套奖金、颁发证书、推荐导师、指导项目等学科竞赛的激励奖励制度引导学生积极参与省部级、国家级专业比赛，这一关键点的设计目的就是帮助基础强或兴趣高的学生在竞赛的过程中探寻学科全貌、摸索专业脉络、增强复合能力。

关键点 13：规划专才职业发展，个性化指导科研进阶路径。筛选具有较好的科研素养以及较强的深造愿景的学生，为其提供互选配对的指导教师以及包括学生项目申请、导师项目参与、研究方法入门、科研论文撰写等分阶段的系统性科研训练，建议为在前期科研训练过程中表现优异的学生提供不少于 1.5 年、不少于 3 种方式的科研训练，这一关键点的设计目的就是在深造规划这一远期目标下力争实现对科研种子选手的尽早培育。

关键点14：提供专案创业辅导，深度化追踪项目孵化过程。对于在创业前期即有创业想法的学生，重点引导其建立深入市场、贴近生活的创新创业心态；对于在创业中期即有创业行动的学生，重点帮助其制定专业高效、明确可行的创新创业决策；对于在创业后期即有创业成果的学生，重点规划其形成长时动态、前瞻全面的创新创业视野。这一关键点的设计目的就是在创业项目落地孵化的过程中帮助学生逐步收获商场经验、体味行业战略、铸就大局观念。

第三节　模型构建的4个重点问题

对欲进行智慧教学改革的一线高校教师来说，虽然本书提出的"3P"交互啮合式智慧教学改革模型的内核、模块与关键点能够为其提供框架性指导与方向性指引，但若想形成血肉饱满的智慧教学改革建设实绩，仍需要关注骨骼与经络之外的细微之处。在应用"3P"交互啮合式智慧教学改革模型进行智慧教学改革的实践过程中将面对的实际建设重点有如下四点。

一是课程团队建设。建设一个效果卓越的智慧教学改革课程绝非是一人之力或一日之功可以完成的，课程视频制作修改、教学素材实时更新、问答互动及时跟进、课程论坛日常管理、翻转课堂活动设计、试点小班初步运行以及跨班级甚至跨院校平行推广等各个环节都需要团队成员各司其职、共同协作，因此高水平的课程团队是应用"3P"交互啮合式智慧教学改革模型进行智慧教学改革的基础。课程团队建设可采用靶向定位、层层填充的方式进行：首先建设核心团队，3人左右为宜，须包含教学改革经验丰富的一线教师与课程体系把握精准的资深教授，同时应明确智慧教学改革负责人，此阶段负责课程整体框架的构建以及课程核心模块的开发；然后打造主力团队，可考虑以5~8人为量，应尽量包含不同职称、不同职务、不同教学风格以及不同教改经历等多种视角，此阶段负责将课程框架以"3P"交互啮合式智慧教学改革模型的内核为纲进行梳理与划分，完成"3P"交互啮合式智慧教学改革模型的关键节点的具象以及课程内容的细化；最后充实扩展团队，此阶段负责实现线上视频课程的设计制作以及线下翻转课堂的章节定案等内容的具体实施。至此便形成了应用"3P"交互啮合式智慧教学改革模型进行智慧教学改革的成熟团队，可以开始进行试点小班的初步运行，同时课程团队应适时参加相关的学术会议或工作坊并保持定期的理论研讨、教学互评、调研分析、效果反馈以及实践修正，在此基础上可考虑进一步实现该智慧教学改革课程的推广。

二是课程资源重组。传统的教材以及单调的课件无法满足智慧教学改革的教学需求，因此配套的课程资源是应用"3P"交互啮合式智慧教学改革模型进行智慧教学改革的必要支持，故课程团队须对教学材料进行系统的设计、收集、梳理与完善，打造出具有高适配度的智慧教学资源束。除线上课程视频外，该资源束还须包括以下三项：其一是教材集，应至少选取智慧教学改革课程领域内的中、外经典教材各一本，将其融会贯通后全部拆解并再次整合，以构建更适合智慧教学改革的知识体系，若能编撰出版一本为智慧教学改革服务的专项配套教材则为上佳；其二是课件库，应至少分别针对线上视频课程的理解以及线下翻转课堂的深化设计制作两套课件，以此在智慧教学改革的实践过程中帮助学生更好地实现多层次的自主学习，同时要注意根据课程设计与内容更替的具体变化及时迭代；其三是素材仓，包括但不限于问题导向型预习大纲辑（保证提纲结构化、题目创新化）、习题组（保证范围全面性、题型多样性）、资料包（保证案例内容经典与热点并重、案例形式丰富与趣味并重）、扩展栈（保证参考文献权威与前沿并重、引申阅读深度与广度并重）等，同样应根据课程设计与内容更替的具体变化及时迭代。

三是教学方法创新。智慧教学改革的支点不是单一课程、单一学科的建设，而是教学理论的发展变革，因此在教学方法上也必然会需要传统讲授之外的多元创新与融合突破。应用"3P"交互啮合式智慧教学改革模型进行智慧教学改革的课程团队应以学生的主体地位为根、以激发学生学习兴趣为本，在课程中交叉运用多维启发与同伴互助融合法、多媒体趣味教学与实践融合法以及教学实践与科研成果融合法等教学方法，在课堂上综合运用情景模拟、项目探究、研讨辩论、案例分析、命题比赛、小组展示以及角色扮演等教学方法，在教学周期中全面调动学生的听觉、视觉、运动以及语言等多重感官，做到重难点问题能听懂、能看清、能实践、能交流，从而实现用思辨取代灌输、用开放取代封闭、用高阶取代低阶的智慧教学改革实践应用价值。

四是教学效果评价。无论智慧教学改革的外延有多么繁杂，其本质始终指向水平高、质量优的课程，那么如何全面、客观地评价一门课程的智慧教学改革效果是否称得上"水平高、质量优"就是推进智慧教学改革的关键环节。只有在科学地量化智慧教学改革效果的基础上剖析其不足之处，才能进一步有针对性地修正并完善应用"3P"交互啮合式智慧教学改革模型进行智慧教学改革的课程。智慧教学改革效果评价一方面须为立体化的智慧教学改革匹配立体化的考核方式：横轴应是多面化的考核，纵轴应是动态化的考核；另一方面还须为"双星"型的智慧教学改革匹配"双星"型的衡量视角：一个中心是衡量学生，另一个中心是衡量教师。本书第四章中开发的 **IE-CES** 智慧教学改革效果评价指标体系即可有效地解决目前智慧教学改革进程中"有尝试但无考核"的困境。

第四章
智慧教学改革效果评价指标体系开发

　　评价是检验事物发展成效的重要环节，科学合理的评价能为事物发展的顺利推进带来事半功倍的效果。相应地，教学评价是检验教学发展成效的重要环节[143]。对于高等教育改革来说，教学评价改革与教学模式改革是协同共轭的关系，二者相辅相成、缺一不可，教学模式改革为教学评价改革提供了检验对象基础，教学评价改革则为教学模式改革提供了实践效果保障。中国现行的教学效果评价体系总体上呈现出重教师轻学生、重分层轻视角、重结果轻过程、重形式轻参与、重标准轻弹性、重低阶轻高阶的倾向，与智慧教学的理念相去甚远，无法针对智慧教学改革的实践效果给出准确、全面的评价[104,144,145]。智慧教学改革的实践效果如何？相较传统教学是否有显著的效果提升？智慧教学改革是否能切实满足高等教育发展的需求？由于智慧教学改革效果评价体系的缺失，上述关乎智慧教学改革未来发展的关键性问题都无法得到有力的回答，智慧教学改革效果评价体系的缺位已经成为现阶段智慧教学改革发展的现实掣肘。作为智慧教学改革的生命共同体，智慧教学评价改革是保障智慧教学改革高效开展的必要环节，是推进智慧教学改革深化发展的关键步骤，更是中国高等教育实现全面化智慧教学改革的重点关卡。

第一节　设计理念

　　智慧教学是以建构主义教学理论为支撑的、综合运用翻转课堂的教学形式以及"线上+线下"混合式教学的教学方式的新生态教学模式，故针对智慧教学改革效果的评价体系必须全面考虑建构主义教学理论、翻转课堂以及"线上+线下"混合式教学的核心理念，只有拉通设计理念、对齐体系触角，才能实现智慧教学改革效果评价体系与智慧教学改革实践发展的耦合。本书秉持的智慧教学改革效果评价体系的设计理念包括以下六项。

　　理念一：贯彻"以学生为中心"的评价原则。传统的教学评价主要指学生对教师的教学评价考核以及学校对教师的教学任务考核，在这一过程中，教学评价的重心在教师，教学评价的重点在"教"，舍本逐末。智慧教学改革效果评价体系须贯彻"以学生为中心"的理念[146]，将教学评价的重心放在学生身上，将教学评价的重点放在"学"，通过将教学评价的关注点转移到学生实现本末相顺。

　　理念二：架构多元化的评价视角。传统的教学评价在评价学生时局限于在学期末的单一时点、以卷面测试的单一方式、通过教师批改的单一维度、对学生的知识记忆情况这一单一项目进行考核与评价，在这一过程中，教学评价仅为了区分学生的卷面成绩，无法准确呈现学生的综合情况。智慧教学改革效果评价体系须架构多元化的评价视角，丰富评价的时点、方式、维度以及项目，以更加立体化的评价科学客观地反映学生学习的综合成效。

　　理念三：完善全链路的评价过程。传统的教学评价采取一锤定音式的评价策略，仅给学生的学习结果以及教师的教学结果提供一次评价机会，在这一过程中，教学评价既不能全面考核教学的准备性内容，也不能实时关注教学的过程性内容，更不能有效评价教学的发展性内容，教学评价与教学过程相割裂且难有裨益。智慧教学改革效果评价体系须完善全链路的评价过程[147]，触及教学的各个环节、深入教学的全部流程，实现教学过程与教学评价的套叠互动与协同发展。

理念四：实现能够倒逼学生深入参与的评价功用。传统的教学评价在一定程度上弥漫着形式主义气息，例如"平时成绩"在多数时候等同于"出勤成绩"，完全无法体现学生平时的形成性学习成果，"小组成绩"几乎都是一个小组的学生分数全部相同，不考虑学生对小组的贡献程度，在这一过程中，教学评价往往有其名而无其实，无法有效推动学生参与教学过程。智慧教学改革效果评价体系须实现能够倒逼学生深入参与的评价功用，通过对评价指标的合理设计与充分细化调动学生的主观能动性，激发学生的求知欲、互动欲与实践欲，让教学评价能够有其名也有其实。

理念五：提供容纳生成性空间的评价弹性。传统的教学评价依赖标准答案，客观题自不必说，就连主观题也多数都有潜规则式的标准答题思路，在这一过程中，教学评价极大地削弱了产生生成性问题的可能性[148]，剥夺了学生的批判思维与创新思维，把原本该培养出的高学历人才逐步推向了教育流水线。智慧教学改革效果评价体系须提供容纳生成性空间的评价弹性，通过对平等的教学氛围、灵活的教学活动、思辨的教学导向以及有机的教学目的等生成性土壤的必要调节并设置相应的评价指标实现对生成性问题的内动力培育。

理念六：制定侧重高阶能力的评价导向。传统的教学评价在对学生的学习效果进行考核时多数只聚焦于对知识的考核，忽视了对学生能力以及价值观的考核，在这一过程中，教学评价通过严重畸态的形变退化为知识记忆评价，失去了教学评价的原有之意。智慧教学改革效果评价体系须制定侧重高阶能力的评价导向，除了最基础的知识评价外，要对合作能力、探究能力、思辨能力等高阶能力以及专业精神、爱国精神等价值观进行科学全面的评价。

第二节 开发流程

IE-CES 智慧教学改革效果评价指标体系的开发包含了指标池拟定、指标修订、信效度分析以及指标权重确定 4 个阶段，应用了文献分析法、焦点小组访谈法、一对一深度访谈法、德尔菲法、层次分析法以及问卷调查法共 6 种研究方法，经历了 10 余个具体的环节与步骤，详细的开发流程如图 4-1 所示。

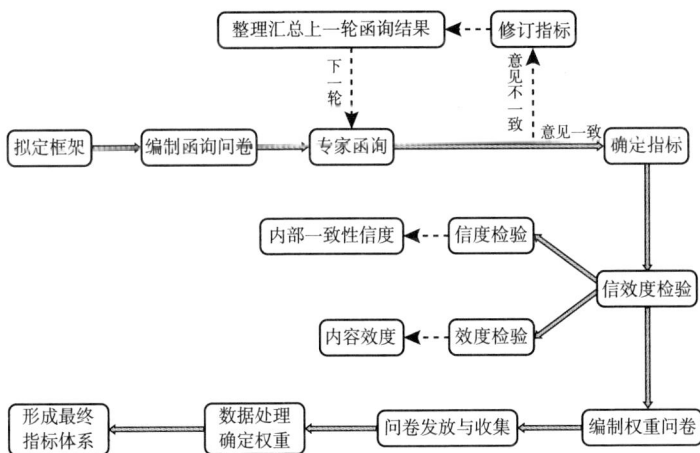

图 4-1 IE-CES 智慧教学改革效果评价指标体系开发流程

其中文献分析法主要应用于指标池拟定阶段。文献分析法是通过对与研究内容相关的现有文献进行收集、整理、分析以及概括从而得出对相关文献内容的科学且独到的见解的研究方法[149]。本章应用文献分析法梳理了与智慧教学评价相关的现有文献，为 IE-CES 智慧教学改革效果评价指标体系的指标池拟定提供了一定的理论框架。

焦点小组访谈法主要应用于指标池拟定阶段。焦点小组访谈法由美国学者 Merton 等人于 20 世纪 50 年代提出，以西方解释学思想为理论根源[150]，是通过组织一定数量的被访者群体并引导其就拟定的相关话题进行交流从而观察、收集、分析其交流内容以在较短时间内得出较多服务于研究目的的相关信息的研究方法[151]。本章应用焦点小组访谈法获取了与智慧教学、智慧教学改革、智慧教学改革模型以及智慧教学改革效果评价相关的访谈结果，为 IE-CES 智慧教学改革效果评价指标体系的指标池拟定提供了较为丰富的认知视角。

一对一深度访谈法主要应用于指标池拟定阶段。一对一深度访谈法主要指对单一被访者进行半结构式访谈[152]，适用于被访者不便在他人面前接受访谈或访问者希望能够得到较少被群体观点左右的个人观点时，是由访谈员在事先准备的访谈提纲的基础上向被访者提出开放性问题并根据被访者的回答进一步引导其表露对相关访谈问题的深入观点的研究方法[153~155]。本章应用一对一深度访谈法获取了与智慧教学改革效果评价相关的访谈结果，为 IE-CES 智慧教学改革效果评价指标体系的指标池拟定提供了较为深入的专家观点。

德尔菲法主要应用于指标修订阶段。德尔菲法由美国 Rand 公司于 20 世纪 40 年代率先使用，是通过匿名函询独立征求专家组中各成员对函询内容的意见并将所有意见整理、归纳同时调整函询内容后再次通过匿名函询独立征求专家组中各成员对函询内容的二次意见直至多轮反复后专家组所有成员的意见趋同的研究方法[156,157]。本章应用德尔菲法明确了 IE-CES 智慧教学改革效果评价指标体系的指标修订内容，为 IE-CES 智慧教学改革效果评价指标体系的指标修订提供了系统的指标修订指导、完备的指标修订步骤以及充实的指标修订意见。

层次分析法主要应用于指标权重确定阶段。层次分析法由美国学者 Saaty 等于 20 世纪 70 年代正式提出，是通过将复杂问题拆解为多层次结构进而判断各层级结构内相关因素的相对重要性从而得到数据化矩阵并根据矩阵量化结果确定各层次结构内各相关因素的权重的研究方法[158,159]。本章应用层次分析法确定了 IE-CES 智慧教学改革效果评价指标体系的各指标权重，为 IE-CES 智慧教学改革效果评价指标体系的指标权重确定提供了科学的依据。

问卷调查法主要应用于指标修订阶段、信效度分析阶段以及指标权重确定阶段。问卷调查法是通过问卷的形式收集针对特定调查内容的数据的研究方法。本章应用问卷调查法辅助了 IE-CES 智慧教学改革效果评价指标体系开发过程中的指标修订阶段、信效度分析阶段以及指标权重确定阶段的相关研究，为 IE-CES 智慧教学改革效果评价指标体系的最终形成提供了全方位的助力。

第三节　指标池拟定

通过梳理现有文献，可以发现部分学者对智慧教学改革评价应该由谁来评价、应该评价什么以及应该如何评价做出了相应的研究。对于智慧教学改革评价应该由谁来评价的问题，学者刘晓鸣认为智慧教学改革应该由教师、专家学者以及家长三方共同评价[160]，学者施珺等认为智慧教学改革应该由教师、学生以及专家学者三方共同评价[106]。对于智慧教学改革评价应该评价什么的问题，有学者认为智慧教学改革应该评价教与学两个部分[161]，有学者认为智慧教学改革应该评价教育、技术以及空间三大方面[118]，有学者认为智慧教学改革应该评价课前、课中以及课后三步时序[104]，有学者认为智慧教学改革应该评价学生与现代化教学工具之间、与智慧学习内容之间以及与学习成果之间的三种关系[97]，还有学者认为智慧教学改革应该评价教学环境、教学准备、教学实施以及教学反思四重要素[147]，此外，也有学者未成系统地提及智慧教学改革应该评价教学内容、教学过程、教学态度、教学效果以及教学手段等[162]。对于智慧教学改革评价应该如何评价的问题，学者向凯悦等认为智慧教学改革应该采用形成性评价与总结性评价相结合、线上评价与线下评价相结合的方式[163]，学者凌媛佳认为智慧教学改革应该采用教辅软件评价与教师评价相结合的方式[164]，学者施珺等认为智慧教学改革应该采用教师评价、学生评价与同伴互评相结合的方式[106]。

在对智慧教学改革评价进行文献分析的同时，笔者对吉林省首届"智慧课堂教学创新大赛"的部分获奖课程进行了课堂调研，并组织了相关获奖教师进行焦点小组访谈（"焦点小组访谈大纲"见附录）、联系相关领导进行了一对一深度访谈（"专家一对一深度访谈大纲"见附录），在此基础上初步确定了 IE-CES 智慧教学改革效果评价指标体系的框架，具体包含智慧教学环境、智慧教学素养、智慧教学设计、智慧教学实施以及智慧教学反馈 5 个一级指标，并进一步细化了 13 个二级指标、42 个三级指标以及对 42 个三级指标的指标描述，具体指标内容如表 4-1 所示。

表 4-1　IE-CES 智慧教学改革效果评价指标体系框架

一级指标	二级指标	三级指标	指标描述
智慧教学环境 A1′	硬环境 B1′	校园无线网络 C1′	拥有全面覆盖校园的无线网络
		智慧教学设备 C2′	配备数量充足的电脑、平板电脑、智能手机等设备,保证每位教学参与者都有与教学需要相适应的智慧教学设备,同时保证各设备的性能达标,能够正常应用智慧教学平台及教辅软件的所有功能
	软环境 B2′	智慧教学平台 C3′	兼容常见系统,兼容电脑、平板电脑、智能手机等设备,集成实时追踪、大数据分析、精准推送、同步互动、多屏协作等功能,包含直播课程、录播课程、习题测验、讨论专区等模块,支持常见文件格式,界面设计合理、操作便捷、运行稳定
		智慧教学教辅软件 C4′	兼容常见系统,集成实时追踪、大数据分析、精准推送、同步互动等功能,支持头脑风暴、抢答、投票等多种智慧教学活动,支持常见文件格式,界面设计合理、操作便捷、运行稳定
智慧教学素养 A2′	教师素养 B3′	智慧教学意识 C5′	认同信息技术对教学的重要性,了解智慧教学的基本理念,熟悉"线上+线下"混合教学、翻转课堂等教学改革内容,具备主动采取智慧教学的意识
		智慧教学能力 C6′	能够有机融合信息技术与教学,能够在教学实践过程中全面设计并实施智慧教学,能够在智慧教学中结合对本学科及本课程的认识,能够独立使用智慧教室,熟练应用智慧教学设备,自如运用智慧教学平台及教辅软件,了解慕课、微课、数字教材等多种智慧教学资源,能够顺利开展智慧教学所需的各种教学活动
	学生素养 B4′	自主学习能力 C7′	具备一定的思辨能力,能够在自主学习过程中有效理解新知识,能够分辨自己对各个知识点的掌握程度,有旺盛的求知欲和进取的钻研精神,能够主动探索自主学习过程中遇到的问题
		信息化水平 C8′	能够自如运用互联网搜寻所需信息,熟练应用各种智慧学习设备,能够在演示后正确使用智慧教室,能够在讲解后充分利用智慧教学平台及教辅软件

续表

一级指标	二级指标	三级指标	指标描述
智慧教学设计 A3′	教学目标 B5′	以学生为中心 C9′	秉持"以学生为中心"的原则,体现学生的主体地位,保证各级教学目标均以学生的发展为归宿点
		与人才培养方案相符 C10′	符合学校的办学定位,符合学院、系、专业在人才培养方案中对该门课程的具体要求,符合对学生所在学年、学期的相关要求
		三位一体 C11′	融合知识与技能、过程与方法、情感态度与价值观三个方面,重视解决复杂问题的高阶能力目标,突出立德树人的育人目标
		可分化 C12′	划分教学目标的层级,制定针对全体学生、大部分学生、小部分学生的分化教学目标,明确层级间的逻辑关系与内在联系
		可度量 C13′	采用具体、清晰的外显化行为动词准确表述教学目标,确保教学目标可观察、可衡量、可评价
	教学流程 B6′	理论基础的智慧化植入 C14′	抓取新知与旧识的交点,激活原有知识,联结全新知识,实现在已学知识的背景下理解并摄取新知识
		思维体系的智慧化构建 C15′	突破记忆与运用的瓶颈,引导学生主动提取记忆,建构并完善知识体系,实现在原有经验的基础上融入并整合新知识
		行为模式的智慧化塑造 C16′	强化理论与实践的衔接,设置现实向、综合型的教学任务和教学活动,倒逼学生调动整体的、系统的、全面的学科理论知识,实现在真实情境的体验中应用并内化新知识
	教学方案 B7′	学情分析 C17′	分析开课年级、班级氛围、整体水平等班级学情背景,分析个性特征、学习习惯、知识储备、思维能力、政治观念、生活经验、兴趣倾向等个人学情背景,充分考虑班级独特性与个体差异性
		大纲制定 C18′	制定清晰的章、节大纲,根据教学目标及具体学情恰当地调整教材大纲并合理地突出重点,在课程初期即提供准确可查的学期、月、周、课进度计划
		任务编排 C19′	规划时间明确的学习任务序列,设计问题导向的任务形式,编制处于学生最近发展区的任务内容,充分调动学生的能动性,配套科学合理的考核方案或激励方案以保证任务的完成度

一级指标	二级指标	三级指标	指标描述
智慧教学设计A3′	教学方案B7′	教学组织 C20′	兼顾全班、小组、个人等多种教学组织形式且比例适中,选择与具体教学内容相适应的组织形式,划分小组时充分考虑学生特征及学生偏好
		教学方法 C21′	运用多种教学方法且比例适中,选择与具体教学内容相适应的教学方法
	教学考核B8′	明确性 C22′	说明考核内容、考核方式、考核比重、考核节点等详细信息,在课程初期即制定并公开清晰准确的考核规则
		复合性 C23′	采用学术论文、书面报告、项目设计、路演、实验等复合性方式,设置个人、小组、矩阵等复合性单元,鼓励学生体验独立者、领导者、被领导者等复合性角色
		立体性 C24′	涵盖知识、能力、情感三个考核维度,综合教师考核、自我评价、生生互评等多个考核方向,全面考核学生的智慧学习结果
智慧教学实施A4′	教学内容B9′	适配度 C25′	符合本课程的教学目标,符合本教学班的学情背景,符合具体的教学大纲
		丰容度 C26′	兼具经典理论与前沿研究,兼具典型案例与时代热点,兼具学术内涵与实践价值,兼具学科趋势与社会发展
		纵深度 C27′	厘清本课程的核心原理,把握本学科的思维方法,具备"跳一跳够得着"的挑战度,下探学术研究的理论深度、下探真实市场的应用深度
		思辨度 C28′	提供思辨能力的培育空间,鼓励学生对教学内容进行自主探究、自主分析、自主判断,营造平等的学习氛围,引导学生交流合作,注重培养学生的逻辑思维、批判思维、创新思维
	教学资源B10′	多模态交互化 C29′	呈现以视频、音频、图片、文本等方式交互的富媒体资源,融合视觉、听觉、触觉等多模态感官,强化学生的参与感,有效促进学生深度学习
		可选取层级化 C30′	给予不同教学内容分区化的教学资源,给予同一教学内容难度分层化的教学资源,合理拓展资源难度跨度,适度提高资源难度上限,保证教学资源的分区与分层清晰可见、便于选择

续表

一级指标	二级指标	三级指标	指标描述
智慧教学实施 A4′	教学资源 B10′	追踪式迭代化 C31′	能够持续更新现有资源，及时补充空缺资源，能够根据学习进程或学习环境实时推送相关的全新资源，保证教学资源实现内容迭代、形式迭代、应用迭代
	教学活动 B11′	多样性 C32′	组织头脑风暴、案例探究、情景模拟、实验操作、辩论比赛等多元化的教学活动，保证教学活动的选取与具体的教学目标及教学内容相匹配
		互动性 C33′	利用智慧教学环境，创设沉浸式情境，提供全流程衔接的即时互动机会，满足师生互动与生生互动的交叉互动需求，强化学生的参与感，调动学生的主体性
		灵活性 C34′	把控课堂进程，能够根据实际时间合理调整活动环节，能够根据实际进展合理调整活动方式
		生成性 C35′	提供生成性土壤，鼓励学生提出生成性问题，及时准确捕捉生成性问题，指导学生深入探究生成性问题，能够在课上或课后针对生成性问题进行深入讨论与全面解答
		延展性 C36′	具备时间上的延伸性，活动流程涉及课前、课中、课后等多阶段；具备内容上的拓展性，活动范围涉及课程任务、调研项目、科研课题、专业论文、创业比赛、实践实操等多领域
智慧教学反馈 A5′	教学过程反馈 B12′	动态实时把控 C37′	利用智慧教学平台及教辅软件实现对学生及学习环节的全面追踪，制定综合考量学生的实时进程与综合状态的个性化干预方案，及时提供必要的干预措施
		大数据分析 C38′	利用智慧教学平台及教辅软件精准分析共性问题、薄弱环节、重点难点、后进个体，实现全面释疑、专项指导、重点讲解、难点突破、个体提升的锚定式教学
		双域双频沟通 C39′	提供公域沟通渠道，建立公开的师生沟通、生生沟通方式；提供私域沟通渠道，确保学生拥有匿名沟通的权利；提供同频沟通机会，保障重要问题得到及时回应；提供异频沟通机会，保障机动问题能够全程反馈
	教学结果反馈 B13′	客观成绩 C40′	呈现正态分布的整体态势，能够有效选拔优秀并甄别落后，成绩均值及中位数能够较传统教学实现一定的提升

续表

一级指标	二级指标	三级指标	指标描述
智慧教学反馈 A5′	教学结果反馈 B13′	主观感受 C41′	拥有较高的出勤率与学生满意度,达成通过该门课程有实际收获与能力进步的学生自我认知,能够激发多数学生继续学习相关课程的兴趣,能够引导少数学生产生深入钻研相关专业的意愿
		反思调整 C42′	能够在教学过程中根据多方、多角度反馈及时调整进度计划与内容安排,能够在课程结束后根据立体化、全面化、系统化的反馈有针对性地调整下一轮次的智慧教学设计与智慧教学实施

第四节　指标修订

鉴于德尔菲法的最佳样本量为 15~20 人[165],故笔者选取了 16 名专家参与多轮匿名函询,并通过自我评价的方式调查了以上专家的权威程度（系第一轮专家匿名函询问卷的第三部分,"智慧教学改革效果评价指标体系第一轮专家匿名函询问卷"见附录）。专家权威程度的影响因素为专家对相关问题的判断依据 C_a（见表 4-2）以及专家对相关问题的熟悉程度 C_s（见表 4-3）,C_a 与 C_s 的算术平均数即为专家的权威程度系数 C_r[166]。经统计,本书选取的 16 名专家中有 5 名的权威程度系数 $C_r \geq 0.9$,8 名的权威程度系数 $0.9 > C_r \geq 0.8$,2 名的权威程度系数 $0.8 > C_r \geq 0.7$,仅有 1 名的权威程度系数 $0.7 > C_r \geq 0.6$,16 名专家的权威程度系数均值 $\overline{C_r}$ 为 0.83（见表 4-4）。一般情况下,德尔菲法所选专家的权威程度系数均值高于 0.7 即认为所选专家足够权威[167,168],故本书选取的 16 名专家组成的专家团队符合德尔菲法的专家要求。

表 4-2　判断依据量化

判断依据	C_a		
	依据较强	依据适中	依据较弱
实践经验	0.5	0.4	0.3
理论分析	0.3	0.2	0.1
同行了解	0.1	0.1	0.1
知觉	0.1	0.1	0.1

表 4-3　熟悉程度量化

熟悉程度	C_s	熟悉程度	C_s
非常熟悉	0.9	不太熟悉	0.3
比较熟悉	0.7	不熟悉	0.1
一般熟悉	0.5		

表 4-4　专家权威程度系数统计

专家编号	判断依据	熟悉程度	权威程度系数 C_r
1	1.0	0.9	0.95
2	0.7	0.5	0.60
3	0.9	0.7	0.80
4	0.9	0.7	0.80
5	1.0	0.9	0.95
6	1.0	0.9	0.95
7	0.9	0.9	0.90
8	1.0	0.7	0.85
9	1.0	0.7	0.85
10	0.9	0.7	0.80
11	0.8	0.7	0.75
12	0.9	0.7	0.80
13	1.0	0.9	0.95
14	1.0	0.7	0.85
15	0.7	0.7	0.70
16	1.0	0.7	0.85
均值	—	—	0.83

一　第一轮专家函询与指标修订

第一轮专家匿名函询问卷分为三部分：第一部分是对 IE-CES 智慧教学改革效果评价指标体系框架中指标本身的合适程度做出判断并提出相应的意见或建议，选项设有"合适"、"修改后合适"以及"不合适"三项，其中"修改后合适"以及"不合适"两项附有"意见与建议"栏；第二部分是对 IE-CES 智慧教学改革效果评价指标体系框架中指标描述的准确程度做出判断并提出相应的意见或建议，选项设有"准确"、"修改后准确"以及"不准确"三项，其中"修改后准确"以及"不准确"两项附有"意见与建议"栏；第三部分是对专家权威程度的两个影响因素做出自我评价（"智慧教学改革效果评价指标体系第一轮专家匿名函询问卷"见附录）。若所有专家均认为某一指标本身的合适程度为"合适"，则视为专家对该指标的合适程度达成一致，合适程度达成一致的指标数量 AI_c 与全部指标数量 AI_t 之比即为合适程度一致比率 AI_r；若所有专家均认为某一指标描述的准确程度为"准确"，则视为专家对该指标描述的准确程度达成一致，准确程度达成一致的指标描述数量 AID_c 与全部指标描述数量 AID_t 之比即为准确程度一致比率 AID_r。第一轮专家匿名函询共发放问卷 16 份，回收问卷 16 份，均为有效问卷，第一轮专家匿名函询的一致比率如表 4-5 所示。

表 4-5　第一轮专家匿名函询的一致比率

项目	值	项目	值
合适程度达成一致的指标数量 AI_{c1}（个）	49	准确程度达成一致的指标描述数量 AID_{c1}（个）	26
全部指标数量 AI_{t1}（个）	60	全部指标描述数量 AID_{t1}（个）	42
合适程度一致比率 AI_{r1}（%）	81.7	准确程度一致比率 AID_{r1}（%）	61.9

第一轮匿名函询中具有共性的专家意见与建议整理汇总如下。一是对指标本身合适程度的意见与建议，包括：①B1′须考虑智慧教学教室，②C6′可以进一步区分能力和水平，③B4′可以增加对学生主观能动性的评价，④B5′应该增加教学目标一致性的指标，⑤B8′要考虑对教学考核渠道以及教学考核时间的评价；二是对指标描述准确程度的意见与建议，包括：①C1′应增加网络是否稳定的描述，②C6′最好包含教学设计的创新性，③C21′应明确描述教学方法。

笔者根据以上意见与建议对 IE-CES 智慧教学改革效果评价指标体系框架做了首轮修订：指标部分在 B1′中增加了"智慧教学教室"三级指标，在 B3′中增加了"智慧教学水平"三级指标，在 B4′中增加了"主观能动性"三级指标，在 B5′中增加了"一贯性"三级指标，在 B8′中增加了"多源性"三级指标；指标描述部分在 C1′中增加了"速度流畅稳定"的描述，在 C6′中增加了"具备教学设计的创新意识与教学实践的独特性"的描述，在 C21′中增加了"讲解式、讨论式、互动式、研究式、实践式等"的描述。第一轮修订后的 IE-CES 智慧教学改革效果评价指标体系包含 5 个一级指标、13 个二级指标、47 个三级指标以及对 47 个三级指标的指标描述，具体指标内容如表 4-6 所示。

表 4-6　IE-CES 智慧教学改革效果评价指标体系（一轮修订）

一级指标	二级指标	三级指标	指标描述
智慧教学环境 A1″	硬环境 B1″	校园无线网络 C1″	拥有全面覆盖校园的无线网络,速度流畅稳定
		智慧教学设备 C2″	配备数量充足的电脑、平板电脑、智能手机等设备,保证每位教学参与者都有与教学需要相适应的智慧教学设备,同时保证各设备的性能达标,能够正常应用智慧教学平台及教辅软件的所有功能
		智慧教学教室 C3″	拥有可投入使用的智慧教室,可以通过物联网实现环境管理等功能,能够全面支持智慧教学的信息技术需求

一级指标	二级指标	三级指标	指标描述
智慧教学环境 A1″	软环境 B2″	智慧教学平台 C4″	兼容常见系统,兼容电脑、平板电脑、智能手机等设备,集成实时追踪、大数据分析、精准推送、同步互动、多屏协作等功能,包含直播课程、录播课程、习题测验、讨论专区等模块,支持常见文件格式,界面设计合理、操作便捷、运行稳定
		智慧教学教辅软件 C5″	兼容常见系统,集成实时追踪、大数据分析、精准推送、同步互动等功能,支持头脑风暴、抢答、投票等多种智慧教学活动,支持常见文件格式,界面设计合理、操作便捷、运行稳定
智慧教学素养 A2″	教师素养 B3″	智慧教学意识 C6″	认同信息技术对教学的重要性,了解智慧教学的基本理念,熟悉"线上+线下"混合教学、翻转课堂等教学改革内容,具备主动采取智慧教学的意识
		智慧教学能力 C7″	能够有机融合信息技术与教学,能够在教学实践过程中全面设计并实施智慧教学,能够在智慧教学中结合对本学科及本课程的认识,具备教学设计的创新意识与教学实践的独特性
		智慧教学水平 C8″	能够独立使用智慧教室,熟练应用智慧教学设备,自如运用智慧教学平台及教辅软件,了解慕课、微课、数字教材等多种智慧教学资源,能够顺利开展智慧教学所需的各种教学活动
	学生素养 B4″	主观能动性 C9″	具备主动摄入新知识的意愿并能以相应的学习行为支持这一意愿,能够根据要求自行规划学习进度、安排学习时间
		自主学习能力 C10″	具备一定的思辨能力,能够在自主学习过程中有效理解新知识,能够分辨自己对各个知识点的掌握程度,有旺盛的求知欲和进取的钻研精神,能够主动探索自主学习过程中遇到的问题
		信息化水平 C11″	能够自如运用互联网搜寻所需信息,熟练应用各种智慧学习设备,能够在演示后正确使用智慧教室,能够在讲解后充分利用智慧教学平台及教辅软件

续表

一级指标	二级指标	三级指标	指标描述
智慧教学设计 A3″	教学目标 B5″	以学生为中心 C12″	秉持"以学生为中心"的原则,体现学生的主体地位,保证各级教学目标均以学生的发展为归宿点
		与人才培养方案相符 C13″	符合学校的办学定位,符合学院、系、专业在人才培养方案中对该门课程的具体要求,符合对学生所在学年、学期的相关要求
		三位一体 C14″	融合知识与技能、过程与方法、情感态度与价值观三个方面,重视解决复杂问题的高阶能力目标,突出立德树人的育人目标
		一贯性 C15″	保证整体教学目标与章、节、知识点的教学目标之间的一致性与连贯性,实现阶段目标服务于总体目标,强化学科思维的动态发展
		可分化 C16″	划分教学目标的层级,制定针对全体学生、大部分学生、小部分学生的分化教学目标,明确层级间的逻辑关系与内在联系
		可度量 C17″	采用具体、清晰的外显化行为动词准确表述教学目标,确保教学目标可观察、可衡量、可评价
	教学流程 B6″	理论基础的智慧化植入 C18″	抓取新知与旧识的交点,激活原有知识,联结全新知识,实现在已学知识的背景下理解并摄取新知识
		思维体系的智慧化构建 C19″	突破记忆与运用的瓶颈,引导学生主动提取记忆,建构并完善知识体系,实现在原有经验的基础上融入并整合新知识
		行为模式的智慧化塑造 C20″	强化理论与实践的衔接,设置现实向、综合型的教学任务和教学活动,倒逼学生调动整体的、系统的、全面的学科理论知识,实现在真实情境的体验中应用并内化新知识
	教学方案 B7″	学情分析 C21″	分析开课年级、班级氛围、整体水平等班级学情背景,分析个性特征、学习习惯、知识储备、思维能力、政治观念、生活经验、兴趣倾向等个人学情背景,充分考虑班级独特性与个体差异性
		大纲制定 C22″	制定清晰的章、节大纲,根据教学目标及具体学情恰当地调整教材大纲并合理地突出重点,在课程初期即提供准确可查的学期、月、周、课进度计划

续表

一级指标	二级指标	三级指标	指标描述
智慧教学设计A3″	教学方案B7″	任务编排 C23″	规划时间明确的学习任务序列,设计问题导向的任务形式,编制处于学生最近发展区的任务内容,充分调动学生的能动性,配套科学合理的考核方案或激励方案以保证任务的完成度
		教学组织 C24″	兼顾全班、小组、个人等多种教学组织形式且比例适中,选择与具体教学内容相适应的组织形式,划分小组时充分考虑学生特征及学生偏好
		教学方法 C25″	运用讲解式、讨论式、互动式、研究式、实践式等多种教学方法且比例适中,选择与具体教学内容相适应的教学方法
	教学考核B8″	明确性 C26″	说明考核内容、考核方式、考核比重、考核节点等详细信息,在课程初期即制定并公开清晰准确的考核规则
		多源性 C27″	包含线上考核、线下考核等多种渠道来源,包含客观题考核、主观题考核等多种形式来源,包含诊断性考核、形成性考核、终结性考核多种时点来源
		复合性 C28″	采用学术论文、书面报告、项目设计、路演、实验等复合性方式,设置个人、小组、矩阵等复合性单元,鼓励学生体验独立者、领导者、被领导者等复合性角色
		立体性 C29″	涵盖知识、能力、情感三个考核维度,综合教师考核、自我评价、生生互评等多个考核方向,全面考核学生的智慧学习结果
智慧教学实施A4″	教学内容B9″	适配度 C30″	符合本课程的教学目标,符合本教学班的学情背景,符合具体的教学大纲
		丰容度 C31″	兼具经典理论与前沿研究,兼具典型案例与时代热点,兼具学术内涵与实践价值,兼具学科趋势与社会发展
		纵深度 C32″	厘清本课程的核心原理,把握本学科的思维方法,具备"跳一跳够得着"的挑战度,下探学术研究的理论深度,下探真实市场的应用深度
		思辨度 C33″	提供思辨能力的培育空间,鼓励学生对教学内容进行自主探究、自主分析、自主判断,营造平等的学习氛围,引导学生交流合作,注重培养学生的逻辑思维、批判思维、创新思维

一级指标	二级指标	三级指标	指标描述
智慧教学实施 A4″	教学资源 B10″	多模态交互化 C34″	呈现以视频、音频、图片、文本等方式交互的富媒体资源,融合视觉、听觉、触觉等多模态感官,强化学生的参与感,有效促进学生深度学习
		可选取层级化 C35″	给予不同教学内容分区化的教学资源,给予同一教学内容难度分层化的教学资源,合理拓展资源难度跨度,适度提高资源难度上限,保证教学资源的分区与分层清晰可见,便于选择
		追踪式迭代化 C36″	能够持续更新现有资源,及时补充空缺资源,能够根据学习进程或学习环境实时推送相关的全新资源,保证教学资源实现内容迭代、形式迭代、应用迭代
	教学活动 B11″	多样性 C37″	组织头脑风暴、案例探究、情景模拟、实验操作、辩论比赛等多元化的教学活动,保证教学活动的选取与具体的教学目标及教学内容相匹配
		互动性 C38″	利用智慧教学环境,创设沉浸式情境,提供全流程衔接的即时互动机会,满足师生互动与生生互动的交叉互动需求,强化学生的参与感,调动学生的主体性
		灵活性 C39″	把控课堂进程,能够根据实际时间合理调整活动环节,能够根据实际进展合理调整活动方式
		生成性 C40″	提供生成性土壤,鼓励学生提出生成性问题,及时准确捕捉生成性问题,指导学生深入探究生成性问题,能够在课上或课后针对生成性问题进行深入讨论与全面解答
		延展性 C41″	具备时间上的延伸性,活动流程涉及课前、课中、课后等多阶段;具备内容上的拓展性,活动范围涉及课程任务、调研项目、科研课题、专业论文、创业比赛、实践实操等多领域

一级指标	二级指标	三级指标	指标描述
智慧教学反馈 A5″	教学过程反馈 B12″	动态实时把控 C42″	利用智慧教学平台及教辅软件实现对学生及学习环节的全面追踪,制定综合考量学生的实时进程与综合状态的个性化干预方案,及时提供必要的干预措施
		大数据分析 C43″	利用智慧教学平台及教辅软件精准分析共性问题、薄弱环节、重点难点、后进个体,实现全面释疑、专项指导、重点讲解、难点突破、个体提升的锚定式教学
		双域双频沟通 C44″	提供公域沟通渠道,建立公开的师生沟通、生生沟通方式;提供私域沟通渠道,确保学生拥有匿名沟通的权利;提供同频沟通机会,保障重要问题得到及时回应;提供异频沟通机会,保障机动问题能够全程反馈
	教学结果反馈 B13″	客观成绩 C45″	呈现正态分布的整体态势,能够有效选拔优秀并甄别落后,成绩均值及中位数能够较传统教学实现一定的提升
		主观感受 C46″	拥有较高的出勤率与学生满意度,达成通过该门课程有实际收获与能力进步的学生自我认知,能够激发多数学生继续学习相关课程的兴趣,能够引导少数学生产生深入钻研相关专业的意愿
		反思调整 C47″	能够在教学过程中根据多方、多角度反馈及时调整讲度计划与内容安排,能够在课程结束后根据立体化、全面化、系统化的反馈有针对性地调整下一轮次的智慧教学设计与智慧教学实施

二 第二轮专家函询与指标修订

第二轮专家匿名函询问卷分为三部分:第一部分是对 IE-CES 智慧教学改革效果评价指标体系(一轮修订)中指标本身的合适程度做出判断并提出相应的意见或建议,选项设有"合适"、"修

改后合适"以及"不合适"三项，其中"修改后合适"以及"不
合适"两项附有"意见与建议"栏；第二部分是对 IE-CES 智慧教
学改革效果评价指标体系（一轮修订）中指标描述的准确程度做
出判断并提出相应的意见或建议，选项设有"准确"、"修改后准
确"以及"不准确"三项，其中"修改后准确"以及"不准确"
两项附有"意见与建议"栏；第三部分是对第一轮专家匿名函询
的意见与建议的汇总（"智慧教学改革效果评价指标体系第二轮专
家匿名函询问卷"见附录）。第二轮专家匿名函询共发放问卷 16
份，回收问卷 16 份，均为有效问卷，第二轮专家匿名函询的一致
比率如表 4-7 所示。

表 4-7　第二轮专家匿名函询的一致比率

项目	值	项目	值
合适程度达成一致的指标数量 AI_{c2}（个）	53	准确程度达成一致的指标描述数量 AID_{c2}（个）	33
全部指标数量 AI_{t2}（个）	65	全部指标描述数量 AID_{t2}（个）	47
合适程度一致比率 AI_{r2}（%）	81.5	准确程度一致比率 AID_{r2}（%）	70.2

第二轮匿名函询中具有共性的专家意见与建议整理汇总如下。
一是对指标本身合适程度的意见与建议，包括：①C3″可以简化为
"智慧教室"，②C16″不具备必要性且不好理解故建议剔除，③B6″名
称不够贴切；二是对指标描述准确程度的意见与建议，包括：①C2″
中"配备"一词的主体不明确且全部由学校配备不现实，②C22″要
考虑难点，③C36″可以加入对于学生适当参与教学资源收集的评价。

笔者根据以上意见与建议对 IE-CES 智慧教学改革效果评价指
标体系（一轮修订）做了再次修订：指标部分将 C3″简化为"智慧
教室"，将 C16″删除，将 B6″改为"教学模块"；指标描述部分将

C2″中的"配备"改为"拥有"同时增加了"配备数量适当的备用设备"的描述，在 C22″中增加了"清晰地标明难点"的描述，在C36″中增加了"能够积极引导学生参与资源的收集、更新与补充"的描述。第二轮修订后的智慧教学改革效果评价指标体系包含 5 个一级指标、13 个二级指标、46 个三级指标以及对 46 个三级指标的指标描述，具体指标内容如表 4-8 所示。

表 4-8　IE-CES 智慧教学改革效果评价指标体系（二轮修订）

一级指标	二级指标	三级指标	指标描述
智慧教学环境 A1‴	硬环境 B1‴	校园无线网络 C1‴	拥有全面覆盖校园的无线网络,速度流畅稳定
		智慧教学设备 C2‴	拥有数量充足的电脑、平板电脑、智能手机等设备,配备数量适当的备用设备,保证每位教学参与者都有与教学需要相适应的智慧教学设备,同时保证各设备的性能达标,能够正常应用智慧教学平台及教辅软件的所有功能
		智慧教室 C3‴	拥有可投入使用的智慧教室,可以通过物联网实现环境管理等功能,能够全面支持智慧教学的信息技术需求
	软环境 B2‴	智慧教学平台 C4‴	兼容常见系统,兼容电脑、平板电脑、智能手机等设备,集成实时追踪、大数据分析、精准推送,同步互动、多屏协作等功能,包含直播课程、录播课程、习题测验、讨论专区等模块,支持常见文件格式,界面设计合理、操作便捷、运行稳定
		智慧教学教辅软件 C5‴	兼容常见系统,集成实时追踪、大数据分析、精准推送、同步互动等功能,支持头脑风暴、抢答、投票等多种智慧教学活动,支持常见文件格式,界面设计合理、操作便捷、运行稳定
智慧教学素养 A2‴	教师素养 B3‴	智慧教学意识 C6‴	认同信息技术对教学的重要性,了解智慧教学的基本理念,熟悉"线上+线下"混合教学、翻转课堂等教学改革内容,具备主动采取智慧教学的意识

续表

一级指标	二级指标	三级指标	指标描述
智慧教学素养 A2‴	教师素养 B3‴	智慧教学能力 C7‴	能够有机融合信息技术与教学，能够在教学实践过程中全面设计并实施智慧教学，能够在智慧教学中结合对本学科及本课程的认识，具备教学设计的创新意识与教学实践的独特性
		智慧教学水平 C8‴	能够独立使用智慧教室，熟练应用智慧教学设备，自如运用智慧教学平台及教辅软件，了解慕课、微课、数字教材等多种智慧教学资源，能够顺利开展智慧教学所需的各种教学活动
	学生素养 B4‴	主观能动性 C9‴	具备主动摄入新知识的意愿并能以相应的学习行为支持这一意愿，能够根据要求自行规划学习进度、安排学习时间
		自主学习能力 C10‴	具备一定的思辨能力，能够在自主学习过程中有效理解新知识，能够分辨自己对各个知识点的掌握程度，有旺盛的求知欲和进取的钻研精神，能够主动探索自主学习过程中遇到的问题
		信息化水平 C11‴	能够自如运用互联网搜寻所需信息，熟练应用各种智慧学习设备，能够在演示后正确使用智慧教室，能够在讲解后充分利用智慧教学平台及教辅软件
智慧教学设计 A3‴	教学目标 B5‴	以学生为中心 C12‴	秉持"以学生为中心"的原则，体现学生的主体地位，保证各级教学目标均以学生的发展为归宿点
		与人才培养方案相符 C13‴	符合学校的办学定位，符合学院、系、专业在人才培养方案中对该门课程的具体要求，符合对学生所在学年、学期的相关要求
		三位一体 C14‴	融合知识与技能、过程与方法、情感态度与价值观三个方面，重视解决复杂问题的高阶能力目标，突出立德树人的育人目标
		一贯性 C15‴	保证整体教学目标与章、节、知识点的教学目标之间的一致性与连贯性，实现阶段目标服务于总体目标，强化学科思维的动态发展

一级指标	二级指标	三级指标	指标描述
智慧教学素养 A3‴	教学目标 B5‴	可度量 C16‴	采用具体、清晰的外显化行为动词准确表述教学目标,确保教学目标可观察、可衡量、可评价
	教学模块 B6‴	理论基础的智慧化植入 C17‴	抓取新知与旧识的交点,激活原有知识,联结全新知识,实现在已学知识的背景下理解并摄取新知识
		思维体系的智慧化构建 C18‴	突破记忆与运用的瓶颈,引导学生主动提取记忆,建构并完善知识体系,实现在原有经验的基础上融入并整合新知识
		行为模式的智慧化塑造 C19‴	强化理论与实践的衔接,设置现实向、综合型的教学任务和教学活动,倒逼学生调动整体的、系统的、全面的学科理论知识,实现在真实情境的体验中应用并内化新知识
	教学方案 B7‴	学情分析 C20‴	分析开课年级、班级氛围、整体水平等班级学情背景,分析个性特征、学习习惯、知识储备、思维能力、政治观念、生活经验、兴趣倾向等个人学情背景,充分考虑班级独特性与个体差异性
		大纲制定 C21‴	制定清晰的章、节大纲,根据教学目标及具体学情恰当地调整教材大纲并合理地突出重点、清晰地标明难点,在课程初期即提供准确可查的学期、月、周、课进度计划
		任务编排 C22‴	规划时间明确的学习任务序列,设计问题导向的任务形式,编制处于学生最近发展区的任务内容,充分调动学生的能动性,配套科学合理的考核方案或激励方案以保证任务的完成度
		教学组织 C23‴	兼顾全班、小组、个人等多种教学组织形式且比例适中,选择与具体教学内容相适应的组织形式,划分小组时充分考虑学生特征及学生偏好
		教学方法 C24‴	运用讲解式、讨论式、互动式、研究式、实践式等多种教学方法且比例适中,选择与具体教学内容相适应的教学方法

一级指标	二级指标	三级指标	指标描述
智慧教学素养 A3'''	教学考核 B8'''	明确性 C25'''	说明考核内容、考核方式、考核比重、考核节点等详细信息，在课程初期即制定并公开清晰准确的考核规则
		多源性 C26'''	包含线上考核、线下考核等多种渠道来源，包含客观题考核、主观题考核等多种形式来源，包含诊断性考核、形成性考核、终结性考核多种时点来源
		复合性 C27'''	采用学术论文、书面报告、项目设计、路演、实验等复合性方式，设置个人、小组、矩阵等复合性单元，鼓励学生体验独立者、领导者、被领导者等复合性角色
		立体性 C28'''	涵盖知识、能力、情感三个考核维度，综合教师考核、自我评价、生生互评等多个考核方向，全面考核学生的智慧学习结果
智慧教学实施 A4'''	教学内容 B9'''	适配度 C29'''	符合本课程的教学目标，符合本教学班的学情背景，符合具体的教学大纲
		丰容度 C30'''	兼具经典理论与前沿研究，兼具典型案例与时代热点，兼具学术内涵与实践价值，兼具学科趋势与社会发展
		纵深度 C31'''	厘清本课程的核心原理，把握本学科的思维方法，具备"跳一跳够得着"的挑战度，下探学术研究的理论深度，下探真实市场的应用深度
		思辨度 C32'''	提供思辨能力的培育空间，鼓励学生对教学内容进行自主探究、自主分析、自主判断，营造平等的学习氛围，引导学生交流合作，注重培养学生的逻辑思维、批判思维、创新思维
	教学资源 B10'''	多模态交互化 C33'''	呈现以视频、音频、图片、文本等方式交互的富媒体资源，融合视觉、听觉、触觉等多模态感官，强化学生的参与感，有效促进学生深度学习
		可选取层级化 C34'''	给予不同教学内容分区化的教学资源，给予同一教学内容难度分层化的教学资源，合理拓展资源难度跨度，适度提高资源难度上限，保证教学资源的分区与分层清晰可见，便于选择

续表

一级指标	二级指标	三级指标	指标描述
智慧教学实施 A4‴	教学资源 B10‴	追踪式迭代化 C35‴	能够持续更新现有资源，及时补充空缺资源，能够积极引导学生参与资源的收集、更新与补充，能够根据学习进程或学习环境实时推送相关的全新资源，保证教学资源实现内容迭代、形式迭代、应用迭代
	教学活动 B11‴	多样性 C36‴	组织头脑风暴、案例探究、情景模拟、实验操作、辩论比赛等多元化的教学活动，保证教学活动的选取与具体的教学目标及教学内容相匹配
		互动性 C37‴	利用智慧教学环境，创设沉浸式情境，提供全流程衔接的即时互动机会，满足师生互动与生生互动的交叉互动需求，强化学生的参与感，调动学生的主体性
		灵活性 C38‴	把控课堂进程，能够根据实际时间合理调整活动环节，能够根据实际进展合理调整活动方式
		生成性 C39‴	提供生成性土壤，鼓励学生提出生成性问题，及时准确捕捉生成性问题，指导学生深入探究生成性问题，能够在课上或课后针对生成性问题进行深入讨论与全面解答
		延展性 C40‴	具备时间上的延伸性，活动流程涉及课前、课中、课后等多阶段；具备内容上的拓展性，活动范围涉及课程任务、调研项目、科研课题、专业论文、创业比赛、实践实操等多领域
智慧教学反馈 A5‴	教学过程反馈 B12‴	动态实时把控 C41‴	利用智慧教学平台及教辅软件实现对学生及学习环节的全面追踪，制定综合考量学生的实时进程与综合状态的个性化干预方案，及时提供必要的干预措施
		大数据分析 C42‴	利用智慧教学平台及教辅软件精准分析共性问题、薄弱环节、重点难点、后进个体，实现全面释疑、专项指导、重点讲解、难点突破、个体提升的锚定式教学
		双域双频沟通 C43‴	提供公域沟通渠道，建立公开的师生沟通、生生沟通方式，提供私域沟通渠道，确保学生拥有匿名沟通的权利，提供同频沟通机会，保障重要问题得到及时回应，提供异频沟通机会，保障机动问题能够全程反馈

续表

一级 指标	二级 指标	三级指标	指标描述
智慧 教学 反馈 A5‴	教学 结果 反馈 B13‴	客观成绩 C44‴	呈现正态分布的整体态势，能够有效选拔优秀并甄别落后，成绩均值及中位数能够较传统教学实现一定的提升
		主观感受 C45‴	拥有较高的出勤率与学生满意度，达成通过该门课程有实际收获与能力进步的学生自我认知，能够激发多数学生继续学习相关课程的兴趣，能够引导少数学生产生深入钻研相关专业的意愿
		反思调整 C46‴	能够在教学过程中根据多方、多角度反馈及时调整进度计划与内容安排，能够在课程结束后根据立体化、全面化、系统化的反馈有针对性地调整下一轮次的智慧教学设计与智慧教学实施

三 第三轮专家函询与数据分析

第三轮专家匿名函询问卷分为三部分：第一部分是对 IE-CES 智慧教学改革效果评价指标体系（二轮修订）中指标本身的合适程度做出判断并提出相应的意见或建议，选项设有"合适"、"修改后合适"以及"不合适"三项，其中"修改后合适"以及"不合适"两项附有"意见与建议"栏；第二部分是对 IE-CES 智慧教学改革效果评价指标体系（二轮修订）中指标描述的准确程度做出判断并提出相应的意见或建议，选项设有"准确"、"修改后准确"以及"不准确"三项，其中"修改后准确"以及"不准确"两项附有"意见与建议"栏；第三部分是对第二轮专家匿名函询的意见与建议的汇总（"智慧教学改革效果评价指标体系第三轮专家匿名函询问卷"见附录）。第三轮专家匿名函询共发放问卷16份，回收问卷16份，均为有效问卷，第三轮专家匿名函询的一致比率如表4-9所示。

表 4-9　第三轮专家匿名函询的一致比率

项目	值	项目	值
合适程度达成一致的指标数量 AI_{c3}（个）	60	准确程度达成一致的指标描述数量 AID_{c3}（个）	38
全部指标数量 AI_{t3}（个）	64	全部指标描述数量 AID_{t3}（个）	46
合适程度一致比率 AI_{r3}（%）	93.8	准确程度一致比率 AID_{r3}（%）	82.6

　　第三轮匿名函询中不再有具有共性的专家意见与建议，且合适程度一致比率 AI_{r3} 与准确程度一致比率 AID_{r3} 均大于 80%，通常认为德尔菲法的专家团队对 75% 或 80% 以上的题项达成一致即可停止函询[169]，故第三轮专家匿名函询的一致比率说明专家团队对于 IE-CES 智慧教学改革效果评价指标体系（二轮修订）已经基本达成一致，可以停止函询流程。

　　为进一步保证专家匿名函询结果的一致性与协调性，笔者向专家团队发放了"智慧教学改革效果评价指标体系的指标重要程度问卷"（见附录），请专家判断 IE-CES 智慧教学改革效果评价指标体系（二轮修订）中各三级指标的重要程度，选项设有"非常重要"、"比较重要"、"一般重要"、"不太重要"以及"不重要"，分别赋值 5、4、3、2、1 分。该问卷共发放 16 份，回收 16 份，全部有效，进一步数据分析的结果也佐证了上述"专家团队对于 IE-CES 智慧教学改革效果评价指标体系（二轮修订）已经基本达成一致"的判断（见表 4-10）。其中 45 项三级指标重要程度的满分频率大于等于 50%，41 项三级指标重要程度的均值大于等于量表的第九十百分位数 4.50，全部 46 项三级指标重要程度的均值大于量表的第八十百分位数 4.00，说明专家团队对 IE-CES 智慧教学改革效果评价指标体系（二轮修订）的指标重要性具有较高的认可度；全部 46 项三级指标重要程度的四分位差均不大于 1，说明专家团队对于 IE-CES 智慧教学改革效果评价指标体系（二轮修订）的指标评价较为集中；全部46 项三级指标重要程度的变异系数均小于 0.20，说明专家团队的协调程度较高，对于 IE-CES 智慧教学改革效果评价指标体系（二轮修订）的指标评价较为一致。

表 4-10　IE-CES 智慧教学改革效果评价指标体系的指标重要程度数据分析

三级指标编号	满分频率 F(%)	均值 M	标准差 σ	上四分位点 Q⁺	下四分位点 Q⁻	四分位差 Q⁺-Q⁻	变异系数 CV
C1‴	81.25	4.75	0.56	5.00	5.00	0.00	0.12
C2‴	87.50	4.88	0.33	5.00	5.00	0.00	0.07
C3‴	68.75	4.56	0.70	5.00	4.00	1.00	0.15
C4‴	81.25	4.75	0.56	5.00	5.00	0.00	0.12
C5‴	87.50	4.81	0.53	5.00	5.00	0.00	0.11
C6‴	87.50	4.88	0.33	5.00	5.00	0.00	0.07
C7‴	68.75	4.69	0.46	5.00	4.00	1.00	0.10
C8‴	75.00	4.69	0.58	5.00	4.25	0.75	0.12
C9‴	50.00	4.44	0.61	5.00	4.00	1.00	0.14
C10‴	56.25	4.50	0.61	5.00	4.00	1.00	0.14
C11‴	56.25	4.50	0.61	5.00	4.00	1.00	0.14
C12‴	93.75	4.94	0.24	5.00	5.00	0.00	0.05
C13‴	87.50	4.88	0.33	5.00	5.00	0.00	0.07
C14‴	93.75	4.88	0.48	5.00	5.00	0.00	0.10
C15‴	87.50	4.88	0.33	5.00	5.00	0.00	0.07
C16‴	81.25	4.81	0.39	5.00	5.00	0.00	0.08
C17‴	87.50	4.88	0.33	5.00	5.00	0.00	0.07
C18‴	93.75	4.88	0.48	5.00	5.00	0.00	0.10
C19‴	87.50	4.88	0.33	5.00	5.00	0.00	0.07
C20‴	81.25	4.81	0.39	5.00	5.00	0.00	0.08
C21‴	81.25	4.81	0.39	5.00	5.00	0.00	0.08

续表

三级指标编号	满分频率 F(%)	均值 M	标准差 σ	上四分位点 Q⁺	下四分位点 Q⁻	四分位差 Q⁺-Q⁻	变异系数 CV
C22‴	75.00	4.69	0.58	5.00	4.25	0.75	0.12
C23‴	62.50	4.44	0.79	5.00	4.00	1.00	0.18
C24‴	81.25	4.75	0.56	5.00	5.00	0.00	0.12
C25‴	81.25	4.81	0.39	5.00	5.00	0.00	0.08
C26‴	75.00	4.69	0.58	5.00	4.25	0.75	0.12
C27‴	62.50	4.44	0.79	5.00	4.00	1.00	0.18
C28‴	81.25	4.75	0.56	5.00	5.00	0.00	0.12
C29‴	87.50	4.88	0.33	5.00	5.00	0.00	0.07
C30‴	87.50	4.88	0.33	5.00	5.00	0.00	0.07
C31‴	87.50	4.81	0.53	5.00	5.00	0.00	0.11
C32‴	81.25	4.81	0.39	5.00	5.00	0.00	0.08
C33‴	62.50	4.56	0.61	5.00	4.00	1.00	0.13
C34‴	62.50	4.56	0.61	5.00	4.00	1.00	0.13
C35‴	43.75	4.31	0.68	5.00	4.00	1.00	0.16
C36‴	75.00	4.75	0.43	5.00	4.25	0.75	0.09
C37‴	93.75	4.94	0.24	5.00	5.00	0.00	0.05
C38‴	56.25	4.56	0.50	5.00	4.00	1.00	0.11
C39‴	68.75	4.63	0.60	5.00	4.00	1.00	0.13
C40‴	56.25	4.44	0.70	5.00	4.00	1.00	0.16
C41‴	75.00	4.75	0.43	5.00	4.25	0.75	0.09
C42‴	62.50	4.63	0.48	5.00	4.00	1.00	0.10
C43‴	68.75	4.63	0.60	5.00	4.00	1.00	0.13
C44‴	68.75	4.63	0.60	5.00	4.00	1.00	0.13
C45‴	56.25	4.50	0.61	5.00	4.00	1.00	0.14
C46‴	75.00	4.63	0.78	5.00	4.25	0.75	0.17

故 IE-CES 智慧教学改革效果评价指标体系（二轮修订）的指标以及指标描述可作为 IE-CES 智慧教学改革效果评价指标体系的指标以及指标描述，最终形成的 IE-CES 智慧教学改革效果评价指标体系如表 4-11 所示。

表 4-11　IE-CES 智慧教学改革效果评价指标体系

一级指标	二级指标	三级指标	指标描述	智慧教学实践效果				
				5	4	3	2	1
智慧教学环境 A1	硬环境 B1	校园无线网络 C1	拥有全面覆盖校园的无线网络,速度流畅稳定					
		智慧教学设备 C2	拥有数量充足的电脑、平板电脑、智能手机等设备,配备数量适当的备用设备,保证每位教学参与者都有与教学需要相适应的智慧教学设备,同时保证各设备的性能达标,能够正常应用智慧教学平台及教辅软件的所有功能					
		智慧教室 C3	拥有可投入使用的智慧教室,可以通过物联网实现环境管理等功能,能够全面支持智慧教学的信息技术需求					
	软环境 B2	智慧教学平台 C4	兼容常见系统,兼容电脑、平板电脑、智能手机等设备,集成实时追踪、大数据分析、精准推送、同步互动、多屏协作等功能,包含直播课程、录播课程、习题测验、讨论专区等模块,支持常见文件格式,界面设计合理,操作便捷,运行稳定					
		智慧教学教辅软件 C5	兼容常见系统,集成实时追踪、大数据分析、精准推送、同步互动等功能,支持头脑风暴、抢答、投票等多种智慧教学活动,支持常见文件格式,界面设计合理,操作便捷,运行稳定					

续表

一级指标	二级指标	三级指标	指标描述	智慧教学实践效果				
				5	4	3	2	1
智慧教学素养 A2	教师素养 B3	智慧教学意识 C6	认同信息技术对教学的重要性,了解智慧教学的基本理念,熟悉"线上+线下"混合教学、翻转课堂等教学改革内容,具备主动采取智慧教学的意识					
		智慧教学能力 C7	能够有机融合信息技术与教学,能够在教学实践过程中全面设计并实施智慧教学,能够在智慧教学中结合对本学科及本课程的认识,具备教学设计的创新意识与教学实践的独特性					
		智慧教学水平 C8	能够独立使用智慧教室,熟练应用智慧教学设备,自如运用智慧教学平台及教辅软件,了解慕课、微课、数字教材等多种智慧教学资源,能够顺利开展智慧教学所需的各种教学活动					
	学生素养 B4	主观能动性 C9	具备主动摄入新知识的意愿并能以相应的学习行为支持这一意愿,能够根据要求自行规划学习进度、安排学习时间					
		自主学习能力 C10	具备一定的思辨能力,能够在自主学习过程中有效理解新知识,能够分辨自己对各个知识点的掌握程度,有旺盛的求知欲和进取的钻研精神,能够主动探索自主学习过程中遇到的问题					
		信息化水平 C11	能够自如运用互联网搜寻所需信息,熟练应用各种智慧学习设备,能够在演示后正确使用智慧教室,能够在讲解后充分利用智慧教学平台及教辅软件					

一级指标	二级指标	三级指标	指标描述	智慧教学实践效果				
				5	4	3	2	1
智慧教学设计A3	教学目标B5	以学生为中心C12	秉持"以学生为中心"的原则,体现学生的主体地位,保证各级教学目标均以学生的发展为归宿点					
		与人才培养方案相符C13	符合学校的办学定位,符合学院、系、专业在人才培养方案中对该门课程的具体要求,符合对学生所在学年、学期的相关要求					
		三位一体C14	融合知识与技能、过程与方法、情感态度与价值观三个方面,重视解决复杂问题的高阶能力目标,突出立德树人的育人目标					
		一贯性C15	保证整体教学目标与章、节、知识点的教学目标之间的一致性与连贯性,实现阶段目标服务于总体目标,强化学科思维的动态发展					
		可度量C16	采用具体、清晰的外显化行为动词准确表述教学目标,确保教学目标可观察、可衡量、可评价					
	教学模块B6	理论基础的智慧化植入C17	抓取新知与旧识的交点,激活原有知识,联结全新知识,实现在已学知识的背景下理解并摄取新知识					
		思维体系的智慧化构建C18	突破记忆与运用的瓶颈,引导学生主动提取记忆,建构并完善知识体系,实现在原有经验的基础上融入并整合新知识					
		行为模式的智慧化塑造C19	强化理论与实践的衔接,设置现实向、综合型的教学任务和教学活动,倒逼学生调动整体的、系统的、全面的学科理论知识,实现在真实情境的体验中应用并内化新知识					

续表

一级指标	二级指标	三级指标	指标描述	智慧教学实践效果				
				5	4	3	2	1
智慧教学设计 A3	教学方案 B7	学情分析 C20	分析开课年级、班级氛围、整体水平等班级学情背景,分析个性特征、学习习惯、知识储备、思维能力、政治观念、生活经验、兴趣倾向等个人学情背景,充分考虑班级独特性与个体差异性					
		大纲制定 C21	制定清晰的章、节大纲,根据教学目标及具体学情恰当地调整教材大纲并合理地突出重点、清晰地标明难点,在课程初期即提供准确可查的学期、月、周、课进度计划					
		任务编排 C22	规划时间明确的学习任务序列,设计问题导向的任务形式,编制处于学生最近发展区的任务内容,充分调动学生的能动性,配套科学合理的考核方案或激励方案以保证任务的完成度					
		教学组织 C23	兼顾全班、小组、个人等多种教学组织形式且比例适中,选择与具体教学内容相适应的组织形式,划分小组时充分考虑学生特征及学生偏好					
		教学方法 C24	运用讲解式、讨论式、互动式、研究式、实践式等多种教学方法且比例适中,选择与具体教学内容相适应的教学方法					
	教学考核 B8	明确性 C25	说明考核内容、考核方式、考核比重、考核节点等详细信息,在课程初期即制定并公开清晰准确的考核规则					
		多源性 C26	包含线上考核、线下考核等多种渠道来源,包含客观题考核、主观题考核等多种形式来源,包含诊断性考核、形成性考核、终结性考核多种时点来源					

续表

一级指标	二级指标	三级指标	指标描述	智慧教学实践效果				
				5	4	3	2	1
智慧教学设计 A3	教学考核 B8	复合性 C27	采用学术论文、书面报告、项目设计、路演、实验等复合性方式，设置个人、小组、矩阵等复合性单元，鼓励学生体验独立者、领导者、被领导者等复合性角色					
		立体性 C28	涵盖知识、能力、情感三个考核维度，综合教师考核、自我评价、生生互评等多个考核方向，全面考核学生的智慧学习结果					
智慧教学实施 A4	教学内容 B9	适配度 C29	符合本课程的教学目标，符合本教学班的学情背景，符合具体的教学大纲					
		丰容度 C30	兼具经典理论与前沿研究，兼具典型案例与时代热点，兼具学术内涵与实践价值，兼具学科趋势与社会发展					
		纵深度 C31	厘清本课程的核心原理，把握本学科的思维方法，具备"跳一跳够得着"的挑战度，下探学术研究的理论深度，下探真实市场的应用深度					
		思辨度 C32	提供思辨能力的培养空间，鼓励学生对教学内容进行自主探究、自主分析、自主判断，营造平等的学习氛围，引导学生交流合作，注重培养学生的逻辑思维、批判思维、创新思维					
	教学资源 B10	多模态交互化 C33	呈现以视频、音频、图片、文本等方式交互的富媒体资源，融合视觉、听觉、触觉等多模态感官，强化学生的参与感，有效促进学生深度学习					
		可选取层级化 C34	给予不同教学内容分区化的教学资源，给予同一教学内容难度分层化的教学资源，合理拓展资源难度跨度，适度提高资源难度上限，保证教学资源的分区与分层清晰可见，便于选择					

续表

一级指标	二级指标	三级指标	指标描述	智慧教学实践效果				
				5	4	3	2	1
智慧教学实施 A4	教学资源 B10	追踪式迭代化 C35	能够持续更新现有资源,及时补充空缺资源,能够积极引导学生参与资源的收集、更新与补充,能够根据学习进程或学习环境实时推送相关的全新资源,保证教学资源实现内容迭代、形式迭代、应用迭代					
	教学活动 B11	多样性 C36	组织头脑风暴、案例探究、情景模拟、实验操作、辩论比赛等多元化的教学活动,保证教学活动的选取与具体的教学目标及教学内容相匹配					
		互动性 C37	利用智慧教学环境,创设沉浸式情境,提供全流程衔接的即时互动机会,满足师生互动与生生互动的交叉互动需求,强化学生的参与感,调动学生的主体性					
		灵活性 C38	把控课堂进程,能够根据实际时间合理调整活动环节,能够根据实际进展合理调整活动方式					
		生成性 C39	提供生成性土壤,鼓励学生提出生成性问题,及时准确捕捉生成性问题,指导学生深入探究生成性问题,能够在课上或课后针对生成性问题进行深入讨论与全面解答					
		延展性 C40	具备时间上的延伸性,活动流程涉及课前、课中、课后等多阶段;具备内容上的拓展性,活动范围涉及课程任务、调研项目、科研课题、专业论文、创业比赛、实践实操等多领域					

续表

一级指标	二级指标	三级指标	指标描述	智慧教学实践效果				
				5	4	3	2	1
智慧教学反馈A5	教学过程反馈B12	动态实时把控C41	利用智慧教学平台及教辅软件实现对学生及学习环节的全面追踪,制定综合考量学生的实时进程与综合状态的个性化干预方案,及时提供必要的干预措施					
		大数据分析C42	利用智慧教学平台及教辅软件精准分析共性问题、薄弱环节、重点难点、后进个体,实现全面释疑、专项指导、重点讲解、难点突破、个体提升的锚定式教学					
		双域双频沟通C43	提供公域沟通渠道,建立公开的师生沟通、生生沟通方式,提供私域沟通渠道,确保学生拥有匿名沟通的权利,提供同频沟通机会,保障重要问题得到及时回应,提供异频沟通机会,保障机动问题能够全程反馈					
	教学结果反馈B13	客观成绩C44	呈现正态分布的整体态势,能够有效选拔优秀并甄别落后,成绩均值及中位数能够较传统教学实现一定的提升					
		主观感受C45	拥有较高的出勤率与学生满意度,达成通过该门课程有实际收获与能力进步的学生自我认知,能够激发多数学生继续学习相关课程的兴趣,能够引导少数学生产生深入钻研相关专业的意愿					
		反思调整C46	能够在教学过程中根据多方、多角度反馈及时调整进度计划与内容安排,能够在课程结束后根据立体化、全面化、系统化的反馈有针对性地调整下一轮次的智慧教学设计与智慧教学实施					

第五节　信效度分析

为检验 IE-CES 智慧教学改革效果评价指标体系的信度与效度，笔者针对本人主讲的"营销与社会"课程的智慧教学改革情况开展了新一轮的问卷调查（"智慧教学改革效果评价指标体系的信效度分析问卷"见附录），调查对象包括教学专家、学校督导、学院领导、同行教师以及 2021 年度、2022 年度修过该门课程的学生。共发放问卷 300 份，回收问卷 272 份，回收率 90.67%，其中有效问卷 253 份，有效率 93.01%。

对回收数据进行内部一致性检验的结果如表 4-12 所示，其中 IE-CES 智慧教学改革效果评价指标体系的各一级指标以及评价指标体系总体的克伦巴赫α系数（Cronbach's Alpha）均大于 0.72，通常认为克伦巴赫α系数达到 0.7 即表明量表具有较高的内部一致性[170]，故 IE-CES 智慧教学改革效果评价指标体系的信度较高。

表 4-12　IE-CES 智慧教学改革效果评价指标体系的信度分析-克伦巴赫α系数

指标编号	信度系数 Cronbach's Alpha	指标数量（个）
A1	0.721	5
A2	0.781	6
A3	0.910	17
A4	0.796	12
A5	0.866	6
TOTAL	0.961	46

对回收数据进行皮尔逊（Pearson）相关性检验的结果如表 4-13 所示，其中 IE-CES 智慧教学改革效果评价指标体系的各三级指标与其所属一级指标以及评价指标体系总体之间的皮尔逊相关系数处于

0.340 到 0.881 的范围内，P 均小于 0.01，表明 IE-CES 智慧教学改革效果评价指标体系的效度较高[171]。此外，经过三轮专家匿名函询之后，专家团队对于 IE-CES 智慧教学改革效果评价指标体系的合适程度与准确程度的评价已经基本达成一致，也表明了 IE-CES 智慧教学改革效果评价指标体系具有较好的内容效度。

表 4-13　IE-CES 智慧教学改革效果评价指标体系的效度分析-皮尔逊相关系数

指标编号	A1	A2	A3	A4	A5	TOTAL
C1	0.762 **	—	—	—	—	0.671 **
C2	0.701 **	—	—	—	—	0.802 **
C3	0.609 **	—	—	—	—	0.435 **
C4	0.773 **	—	—	—	—	0.741 **
C5	0.618 **	—	—	—	—	0.539 **
C6	—	0.476 **	—	—	—	0.470 **
C7	—	0.670 **	—	—	—	0.621 **
C8	—	0.727 **	—	—	—	0.714 **
C9	—	0.769 **	—	—	—	0.758 **
C10	—	0.846 **	—	—	—	0.785 **
C11	—	0.811 **	—	—	—	0.700 **
C12	—	—	0.728 **	—	—	0.676 **
C13	—	—	0.740 **	—	—	0.697 **
C14	—	—	0.612 **	—	—	0.532 **
C15	—	—	0.595 **	—	—	0.636 **
C16	—	—	0.702 **	—	—	0.709 **
C17	—	—	0.827 **	—	—	0.832 **
C18	—	—	0.779 **	—	—	0.861 **
C19	—	—	0.731 **	—	—	0.668 **
C20	—	—	0.703 **	—	—	0.613 **
C21	—	—	0.628 **	—	—	0.617 **

续表

指标编号	A1	A2	A3	A4	A5	TOTAL
C22	—	—	0.475 **	—	—	0.340 **
C23	—	—	0.763 **	—	—	0.743 **
C24	—	—	0.652 **	—	—	0.684 **
C25	—	—	0.491 **	—	—	0.390 **
C26	—	—	0.533 **	—	—	0.467 **
C27	—	—	0.453 **	—	—	0.469 **
C28	—	—	0.544 **	—	—	0.512 **
C29	—	—	—	0.482 **	—	0.516 **
C30	—	—	—	0.601 **	—	0.669 **
C31	—	—	—	0.658 **	—	0.509 **
C32	—	—	—	0.497 **	—	0.397 **
C33	—	—	—	0.548 **	—	0.368 **
C34	—	—	—	0.593 **	—	0.520 **
C35	—	—	—	0.495 **	—	0.487 **
C36	—	—	—	0.614 **	—	0.547 **
C37	—	—	—	0.530 **	—	0.382 **
C38	—	—	—	0.643 **	—	0.643 **
C39	—	—	—	0.604 **	—	0.434 **
C40	—	—	—	0.481 **	—	0.423 **
C41	—	—	—	—	0.748 **	0.744 **
C42	—	—	—	—	0.733 **	0.617 **
C43	—	—	—	—	0.840 **	0.763 **
C44	—	—	—	—	0.631 **	0.596 **
C45	—	—	—	—	0.810 **	0.828 **
C46	—	—	—	—	0.881 **	0.782 **

注：** 在 0.01 级别（双尾），相关性显著。

第六节　指标权重确定

由于 IE-CES 智慧教学改革效果评价指标体系中指标数量众多、比较难度较大且难以直观量化，为保证 IE-CES 智慧教学改革效果评价指标体系的实效性，本书采用层次分析法（AHP）确定各指标的权重。首先根据表 4-10 中向专家团队发放的"智慧教学改革效果评价指标体系的指标重要程度问卷"的回收数据以及表 4-14 中的标度得出 IE-CES 智慧教学改革效果评价指标体系一级指标判断矩阵、IE-CES 智慧教学改革效果评价指标体系二级指标判断矩阵以及 IE-CES 智慧教学改革效果评价指标体系三级指标判断矩阵，以上判断矩阵的数据处理结果显示 CR 均不大于 0.1，证明以上判断矩阵的一致性可以接受[172]。利用层次分析法确定指标权重时可选择算术平均法、几何平均法以及特征值法[173]，为使 IE-CES 智慧教学改革效果评价指标体系的权重更加科学精准，本节分别以三种方法计算 IE-CES 智慧教学改革效果评价指标体系的权重并取三种权重的均值作为 IE-CES 智慧教学改革效果评价指标体系的最终权重。

表 4-14　九分制标度

标度	含义	标度	含义
1	A 与 B 同样重要	7	A 比 B 强烈重要
3	A 比 B 稍微重要	9	A 比 B 极端重要
5	A 比 B 明显重要		

一　算术平均法的评价指标体系权重

先将判断矩阵按列归一化，并按行求得向量和，向量和与指标数之比即为 IE-CES 智慧教学改革效果评价指标体系应用层次分析法中的算术平均法计算出的各指标权重（见表 4-15）。

表 4-15 算数平均法的 IE-CES 智慧教学改革效果评价指标体系权重

一级指标	权重 w_{s1}	二级指标	权重 w_{s2}	三级指标	权重 w_{s3}	权重 w_s
智慧教学环境 A1	0.2511	硬环境 B1	0.2500	校园无线网络 C1	0.2605	0.0163
				智慧教学设备 C2	0.6333	0.0398
				智慧教室 C3	0.1062	0.0067
		软环境 B2	0.7500	智慧教学平台 C4	0.2500	0.0471
				智慧教学教辅软件 C5	0.7500	0.1412
智慧教学素养 A2	0.0724	教师素养 B3	0.8333	智慧教学意识 C6	0.6000	0.0362
				智慧教学能力 C7	0.2000	0.0121
				智慧教学水平 C8	0.2000	0.0121
		学生素养 B4	0.1667	主观能动性 C9	0.1429	0.0017
				自主学习能力 C10	0.4286	0.0052
				信息化水平 C11	0.4286	0.0052
智慧教学设计 A3	0.3882	教学目标 B5	0.3889	以学生为中心 C12	0.4161	0.0628
				与人才培养方案相符 C13	0.1695	0.0256
				三位一体 C14	0.1695	0.0256
				一贯性 C15	0.1695	0.0256
				可度量 C16	0.0755	0.0114
		教学模块 B6	0.3889	理论基础的智慧化植入 C17	0.3333	0.0503
				思维体系的智慧化构建 C18	0.3333	0.0503
				行为模式的智慧化塑造 C19	0.3333	0.0503
		教学方案 B7	0.1535	学情分析 C20	0.3256	0.0194
				大纲制定 C21	0.3256	0.0194
				任务编排 C22	0.1226	0.0073
				教学组织 C23	0.0467	0.0028
				教学方法 C24	0.1795	0.0107
		教学考核 B8	0.0687	明确性 C25	0.4817	0.0128
				多源性 C26	0.1759	0.0047
				复合性 C27	0.0604	0.0016
				立体性 C28	0.2821	0.0075

续表

一级指标	权重 w_{s1}	二级指标	权重 w_{s2}	三级指标	权重 w_{s3}	权重 w_s
智慧教学实施 A4	0.1722	教学内容 B9	0.6333	适配度 C29	0.3750	0.0409
				丰容度 C30	0.3750	0.0409
				纵深度 C31	0.1250	0.0136
				思辨度 C32	0.1250	0.0136
		教学资源 B10	0.1062	多模态交互化 C33	0.4545	0.0083
				可选取层级化 C34	0.4545	0.0083
				追踪式迭代化 C35	0.0909	0.0017
		教学活动 B11	0.2605	多样性 C36	0.2400	0.0108
				互动性 C37	0.4881	0.0219
				灵活性 C38	0.0897	0.0040
				生成性 C39	0.1359	0.0061
				延展性 C40	0.0463	0.0021
智慧教学反馈 A5	0.1161	教学过程反馈 B12	0.7500	动态实时把控 C41	0.6000	0.0522
				大数据分析 C42	0.2000	0.0174
				双域双频沟通 C43	0.2000	0.0174
		教学结果反馈 B13	0.2500	客观成绩 C44	0.4286	0.0124
				主观感受 C45	0.1429	0.0041
				反思调整 C46	0.4286	0.0124

二 几何平均法的评价指标体系权重

先将判断矩阵按行求得向量积，并将每个新向量开 n 次方获得一列新向量，对该列向量归一化即为 IE-CES 智慧教学改革效果评价指标体系应用层次分析法中的几何平均法计算出的各指标权重（见表 4-16）。

表 4-16　几何平均法的 IE-CES 智慧教学改革效果评价指标体系权重

一级指标	权重 w_{q1}	二级指标	权重 w_{q2}	三级指标	权重 w_{q3}	权重 w_q
智慧教学环境 A1	0.2578	硬环境 B1	0.2500	校园无线网络 C1	0.2583	0.0166
				智慧教学设备 C2	0.6370	0.0411
				智慧教室 C3	0.1047	0.0067
		软环境 B2	0.7500	智慧教学平台 C4	0.2500	0.0483
				智慧教学教辅软件 C5	0.7500	0.1450
智慧教学素养 A2	0.0690	教师素养 B3	0.8333	智慧教学意识 C6	0.6000	0.0345
				智慧教学能力 C7	0.2000	0.0115
				智慧教学水平 C8	0.2000	0.0115
		学生素养 B4	0.1667	主观能动性 C9	0.1429	0.0016
				自主学习能力 C10	0.4286	0.0049
				信息化水平 C11	0.4286	0.0049
智慧教学设计 A3	0.4001	教学目标 B5	0.3908	以学生为中心 C12	0.4135	0.0647
				与人才培养方案相符 C13	0.1717	0.0268
				三位一体 C14	0.1717	0.0268
				一贯性 C15	0.1717	0.0268
				可度量 C16	0.0713	0.0111
		教学模块 B6	0.3908	理论基础的智慧化植入 C17	0.3333	0.0521
				思维体系的智慧化构建 C18	0.3333	0.0521
				行为模式的智慧化塑造 C19	0.3333	0.0521
		教学方案 B7	0.1509	学情分析 C20	0.3356	0.0203
				大纲制定 C21	0.3356	0.0203
				任务编排 C22	0.1119	0.0068
				教学组织 C23	0.0433	0.0026
				教学方法 C24	0.1736	0.0105
		教学考核 B8	0.0675	明确性 C25	0.4935	0.0133
				多源性 C26	0.1645	0.0044
				复合性 C27	0.0570	0.0015
				立体性 C28	0.2849	0.0077

一级指标	权重 w_{q1}	二级指标	权重 w_{q2}	三级指标	权重 w_{q3}	权重 w_q
智慧教学实施 A4	0.1661	教学内容 B9	0.6370	适配度 C29	0.3750	0.0397
				丰容度 C30	0.3750	0.0397
				纵深度 C31	0.1250	0.0132
				思辨度 C32	0.1250	0.0132
		教学资源 B10	0.1047	多模态交互化 C33	0.4545	0.0079
				可选取层级化 C34	0.4545	0.0079
				追踪式迭代化 C35	0.0909	0.0016
		教学活动 B11	0.2583	多样性 C36	0.2449	0.0105
				互动性 C37	0.4986	0.0214
				灵活性 C38	0.0829	0.0036
				生成性 C39	0.1286	0.0055
				延展性 C40	0.0451	0.0019
智慧教学反馈 A5	0.1070	教学过程反馈 B12	0.7500	动态实时把控 C41	0.6000	0.0482
				大数据分析 C42	0.2000	0.0161
				双域双频沟通 C43	0.2000	0.0161
		教学结果反馈 B13	0.2500	客观成绩 C44	0.4286	0.0115
				主观感受 C45	0.1429	0.0038
				反思调整 C46	0.4286	0.0115

三　特征值法的评价指标体系权重

先求得判断矩阵的最大特征值以及其对应的特征向量，对特征向量归一化即为 IE-CES 智慧教学改革效果评价指标体系应用层次分析法中的特征值法计算出的各指标权重（见表 4-17）。

表 4-17　特征值法的 IE-CES 智慧教学改革效果评价指标体系权重

一级指标	权重 w_{c1}	二级指标	权重 w_{c2}	三级指标	权重 w_{c3}	权重 w_c
智慧教学环境 A1	0.2573	硬环境 B1	0.2500	校园无线网络 C1	0.2583	0.0166
				智慧教学设备 C2	0.6370	0.0410
				智慧教室 C3	0.1047	0.0067
		软环境 B2	0.7500	智慧教学平台 C4	0.2500	0.0482
				智慧教学教辅软件 C5	0.7500	0.1447
智慧教学素养 A2	0.0689	教师素养 B3	0.8333	智慧教学意识 C6	0.6000	0.0344
				智慧教学能力 C7	0.2000	0.0115
				智慧教学水平 C8	0.2000	0.0115
		学生素养 B4	0.1667	主观能动性 C9	0.1429	0.0016
				自主学习能力 C10	0.4286	0.0049
				信息化水平 C11	0.4286	0.0049
智慧教学设计 A3	0.3993	教学目标 B5	0.3889	以学生为中心 C12	0.4196	0.0653
				与人才培养方案相符 C13	0.1687	0.0263
				三位一体 C14	0.1687	0.0263
				一贯性 C15	0.1687	0.0263
				可度量 C16	0.0744	0.0116
		教学模块 B6	0.3889	理论基础的智慧化植入 C17	0.2500	0.0389
				思维体系的智慧化构建 C18	0.2500	0.0389
				行为模式的智慧化塑造 C19	0.5000	0.0778
		教学方案 B7	0.1524	学情分析 C20	0.3303	0.0201
				大纲制定 C21	0.3303	0.0201
				任务编排 C22	0.1150	0.0070
				教学组织 C23	0.0440	0.0027
				教学方法 C24	0.1805	0.0110
		教学考核 B8	0.0679	明确性 C25	0.4935	0.0134
				多源性 C26	0.1645	0.0045
				复合性 C27	0.0570	0.0015
				立体性 C28	0.2850	0.0077

一级指标	权重 w_{c1}	二级指标	权重 w_{c2}	三级指标	权重 w_{c3}	权重 w_c
智慧教学实施 A4	0.1658	教学内容 B9	0.6370	适配度 C29	0.6428	0.0679
				丰容度 C30	0.2143	0.0226
				纵深度 C31	0.0715	0.0075
				思辨度 C32	0.0715	0.0075
		教学资源 B10	0.1047	多模态交互化 C33	0.4546	0.0079
				可选取层级化 C34	0.4546	0.0079
				追踪式迭代化 C35	0.0909	0.0016
		教学活动 B11	0.2583	多样性 C36	0.2427	0.0104
				互动性 C37	0.4963	0.0213
				灵活性 C38	0.0839	0.0036
				生成性 C39	0.1324	0.0057
				延展性 C40	0.0448	0.0019
智慧教学反馈 A5	0.1087	教学过程反馈 B12	0.7500	动态实时把控 C41	0.6000	0.0489
				大数据分析 C42	0.2000	0.0163
				双域双频沟通 C43	0.2000	0.0163
		教学结果反馈 B13	0.2500	客观成绩 C44	0.4286	0.0116
				主观感受 C45	0.1429	0.0039
				反思调整 C46	0.4286	0.0116

四 层次分析法的评价指标体系最终权重

对算术平均法、几何平均法以及特征值法求得的 IE-CES 智慧教学改革效果评价指标体系权重进行均值处理即得到 IE-CES 智慧教学改革效果评价指标体系应用层次分析法计算出的最终权重（见表 4-18）。

表 4-18 IE-CES 智慧教学改革效果评价指标体系权重

一级指标	权重 w_1	二级指标	权重 w_2	三级指标	权重 w_3	权重 w
智慧教学环境 A1	0.2554	硬环境 B1	0.2500	校园无线网络 C1	0.2590	0.0165
				智慧教学设备 C2	0.6358	0.0406
				智慧教室 C3	0.1052	0.0067
		软环境 B2	0.7500	智慧教学平台 C4	0.2500	0.0479
				智慧教学教辅软件 C5	0.7500	0.1437
智慧教学素养 A2	0.0701	教师素养 B3	0.8333	智慧教学意识 C6	0.6000	0.0350
				智慧教学能力 C7	0.2000	0.0117
				智慧教学水平 C8	0.2000	0.0117
		学生素养 B4	0.1667	主观能动性 C9	0.1429	0.0017
				自主学习能力 C10	0.4286	0.0050
				信息化水平 C11	0.4286	0.0050
智慧教学设计 A3	0.3959	教学目标 B5	0.3889	以学生为中心 C12	0.4164	0.0643
				与人才培养方案相符 C13	0.1700	0.0262
				三位一体 C14	0.1700	0.0262
				一贯性 C15	0.1700	0.0262
				可度量 C16	0.0737	0.0114
		教学模块 B6	0.3889	理论基础的智慧化植入 C17	0.3056	0.0471
				思维体系的智慧化构建 C18	0.3056	0.0471
				行为模式的智慧化塑造 C19	0.3889	0.0601
		教学方案 B7	0.1522	学情分析 C20	0.3305	0.0199
				大纲制定 C21	0.3305	0.0199
				任务编排 C22	0.1165	0.0070
				教学组织 C23	0.0446	0.0027
				教学方法 C24	0.1779	0.0107
		教学考核 B8	0.0680	明确性 C25	0.4896	0.0132
				多源性 C26	0.1683	0.0045
				复合性 C27	0.0581	0.0016
				立体性 C28	0.2840	0.0076

一级指标	权重 w_1	二级指标	权重 w_2	三级指标	权重 w_3	权重 w
智慧教学实施 A4	0.1680	教学内容 B9	0.6358	适配度 C29	0.4643	0.0495
				丰容度 C30	0.3214	0.0344
				纵深度 C31	0.1072	0.0115
				思辨度 C32	0.1072	0.0115
		教学资源 B10	0.1052	多模态交互化 C33	0.4545	0.0080
				可选取层级化 C34	0.4545	0.0080
				追踪式迭代化 C35	0.0909	0.0016
		教学活动 B11	0.2590	多样性 C36	0.2425	0.0106
				互动性 C37	0.4943	0.0215
				灵活性 C38	0.0855	0.0037
				生成性 C39	0.1323	0.0058
				延展性 C40	0.0454	0.0020
智慧教学反馈 A5	0.1106	教学过程反馈 B12	0.7500	动态实时把控 C41	0.6000	0.0498
				大数据分析 C42	0.2000	0.0166
				双域双频沟通 C43	0.2000	0.0166
		教学结果反馈 B13	0.2500	客观成绩 C44	0.4286	0.0119
				主观感受 C45	0.1429	0.0040
				反思调整 C46	0.4286	0.0119

第五章

智慧教学改革实践与评价：
从0打造省级精品课

　　"营销与社会"课程是一门面向大一学生的学科基础课，每年均有课程开设且授课对象的人数较多，从课程开设的连续性、平行班级的数量以及参与课程的人数等方面综合考量，这都是一门较为适合进行课程改革先导实践的课程。笔者作为该课程的负责人，自2015年起便有序推进该门课程的课程改革实践探索，在经历了信息化建设改革、翻转课堂改革、慕课建设改革、混合式教学改革、金课建设改革、课程思政建设改革以及智慧教学改革等多个阶段、多个方向的课程改革实践探索后，该门课程在2020年已经以"3P"交互啮合式智慧教学改革模型为根基基本实现了全方位的智慧教学改革，并凭借深入的智慧教学改革以及有效的智慧教学改革实践效果获得了一系列的相关成果（见表5-1）。目前"营销与社会"课程已经是一门成熟的智慧教学改革示范课程，故笔者将在本章中以其为智慧教学改革精品课程的代表拆解智慧教学改革的具体实践方法并提供智慧教学改革实践的客观评价数据。

表 5-1 "营销与社会"课程智慧教学改革系列成果

时间	成果名称	级别
2023 年	"营销与社会"获评吉林省名师名家示范课	省级
2023 年	"营销与社会"混合式教学案例获评首届"智慧树杯"混合式教学案例创新大赛全国二等奖	国家级
2022 年	"营销与社会"配套慕课"解密市场营销（双语）"登录国家高等教育智慧教育平台	国家级
2022 年	以"营销与社会"智慧教学改革为基础的吉林省社会科学基金项目"教育信息化 2.0 时代省地方高校智慧教学改革路径研究"结项	省级
2021 年	以"营销与社会"混合式教学模式探索为研究问题的教育部产学合作协同育人专项基金项目"产学合作背景下营销课程混合式教学模式的探索与实践"立项	部级
2021 年	以"营销与社会"智慧教学改革与"金课"建设为研究问题的吉林省产学合作协同育人专项基金项目"基于'3P'模型的《市场营销》混合式金课建设"立项	省级
2021 年	以"营销与社会"在新冠疫情期间原创应用的"混合式教学全在线教学新模式"为基础的吉林省教育厅科研重点项目"后疫情时期吉林省高校在线教学常态化推进路径研究"立项	省级
2020 年	"营销与社会"获评吉林省本科高校抗"疫"期间在线教学典型案例	省级
2020 年	以"营销与社会"原创应用的"'4+8'混合式教学模式"为主题在吉林省本科高校线上教学工作研讨交流视频会议上对其进行了分享、宣传与推广，同时作为首个在线教学案例在吉林财经大学微信公众号刊登	省级
2019 年	"营销与社会"配套慕课"解密市场营销（双语）"获评吉林省精品在线开放课程	省级
2019 年	以"营销与社会"智慧教学改革成果为基础，笔者获吉林省说课大赛一等奖	省级
2019 年	以"营销与社会"智慧教学改革成果为基础，笔者获吉林省智慧课堂教学创新大赛三等奖	省级
2019 年	"营销与社会"获吉林财经大学校级"课程思政"教学改革示范项目立项	校级
2019 年	"营销与社会"获吉林财经大学校级线上线下混合式"金课"建设项目立项	校级

第一节 "营销与社会"课程建设

一 以"1个圆心"为支点：课程的课程思政建设

"营销与社会"课程的课程思政建设以马克思主义理论为指导，坚持"知识传授与价值引领相结合"以及"润物细无声的隐性教育"两个原则，把握"建设基础在课程"、"建设重点在思政"、"建设关键在教师"以及"建设效果在学生"四个关键点，侧重于"灌输与渗透"、"理论与实际"、"传统与创新"、"共性与个性"以及"学习与反思"五个相结合。"营销与社会"课程的课程思政建设具体分为三个阶段进行：第一阶段为充分挖掘"营销与社会"专业课程中的"思政基因"，广泛搜集恰当的思想政治教育素材并进行汇编整理；第二阶段为挑选典型章节进行尝试，编写课程思政教案以及教学指南，并根据实践结果修订课程思政建设方案；第三阶段为将课程思政推广到整门课程，并从思政素材、教学策略以及效果评估等方面给出"营销与社会"课程的课程思政改革整体方案。

"营销与社会"课程的课程思政育人目标是通过充分挖掘本门专业课程的"思政基因"，将马克思主义基本理论观点和方法贯穿教育教学全过程，将习近平新时代中国特色社会主义思想、共产主义理想信念、社会主义核心价值观以及中国传统文化与专业知识进行深度融合，引导学生树立正确的"三观"，形成民族意识和国家意识，提升"四个自信"，自觉传承优秀的民族文化，把自我价值的实现和国家命运紧密联系在一起，肩负起振兴中华的责任。"营销与社会"课程的课程思政育人目标主要体现在如下几个方面：①通过将具有社会主义核心价值观以及新时代特色的案例与专业知识有机融合，适时辅以对经典民族企业案例的分析以及对历史传奇人物事迹的学习，令学生体会祖国的时代脉搏及文化底色，提升"四个自信"，激发民族自豪感，渗透式地引导学生将个人理想与国家发展相统一，培养学生以爱国精神为核心的民族精神，塑造学生"强己、强企、强国"的使命感和责任感；②通过对核心知识点正、反面热点案例的对比与讨论，引导学生完成自我剖析和自我反省，在思辨中树立正确的人生观、世界观与价值观；③通过对企业社会责任问题的探究引发学生对人类生存意义和人类生存价值的思考；④通过讨论存在争议的、涉及营销道德问题的相关新闻事件，剖析并反思营销活动中的伦理失范现象，培养学生的职业操守，隐蔽地发挥马克思主义的领航作用，塑造其坚守道德底线以及承担社会责任的价值取向；⑤通过对市场营销相关法律法规的学习与解读以及对大数据背景下消费者安全问题的讨论与总结，帮助学生牢固树立法治信仰与安全意识，引导学生理解、尊重、执行和维护社会主义法律规范。

二 以"3个模块"为杠杆：课程的智慧教学模块建设

"营销与社会"课程的 Push 模块建设如下：在"智慧树"智慧教学平台以及"知到"智慧教学辅助软件上提供明确完整的任务序列以及具象系统的时间节点；在"智慧树"智慧教学平台上提供问题型的章节预习大纲；制作知识梯度合理且单一视频不超过 15 分钟的线上视频课程"解密市场营销（双语）"（该线上视频课程已获评吉林省精品在线开放课程），共包括 10 章 50 节，总计近 600 分钟；在每节线上视频课程的播放过程中设置 2~3 道弹题，在每章线上视频课程结束之后设置章测试，在所有线上视频课程结束之后设置期末测试；通过"智慧树"智慧教学平台以及"知到"智慧教学辅助软件实现与学生的沟通互动，解答学生的重点难点问题。

"营销与社会"课程的 Pull 模块建设如下：在提供经典内容的基础上，辅以新兴案例、流量事件以及热点词汇作为营销知识的导入或扩展，同时在"智慧树"智慧教学平台以及"知到"智慧教学辅助软件中的课程论坛、问答专区、讨论专区等社群模块设置专题以满足学生进一步探讨的需求；在线下翻转课堂中综合设计以解决现实营销问题为导向的情景模拟、项目探究、研讨辩论、案例分析、命题比赛等多种以练代讲、边练边讲的教学活动；在线下翻转课堂中利用"知到"智慧教学辅助软件的头脑风暴、小组任务、答疑讨论、问卷投票等功能实现全面互动、实时统计、大数据分析与个性化追踪；在"智慧树"智慧教学平台以及"知到"智慧教学辅助软件中的社群模块发起对高阶问题、扩展问题以及生成性问题的深入讨论；设置每学期 4 次的专题直播课，专题主题包括"自媒体时代：企业如何玩转短视频营销？""价格的'玄机'：那些你不知道的定价秘密""黑白之间：探索神奇的广告世界""促销的'魔力'：是什么让你买买买不停？""看不见的魔术师：影响消费行为的因素之非理性消费背后的秘密""你身边的催眠大师：产品包装之设计赏析""如何说服上帝？——整合营销沟通之案例解析""营销人的'黄金罗盘'：STP 战略之实操演练""营销 3.0 时代的机遇和挑战：你准备好了么？""顺势、造势、借势——借势营销之产品包装设计（国庆篇）"等。

"营销与社会"课程的 Practice 模块建设如下：开展模拟营销活动，组织申报营销方向的校内综合实践课题；指导学生组队参与"大学生创新创业训练计划项目""全国财经院校创新创业大赛""中国互联网+大学生创新创业大赛""全国大学生电子商务'创新、创意及创业'挑战赛"等国家级专业比赛；筛选具有较好的科研素养、较强的深造愿景以及对营销专业有较浓厚的兴趣的学生，为其提供包括学生项目申请、研究方法入门以及科研论文撰写等分阶段的系统性科研训练；引导有创业想法的学生建立深入市场、贴近生活的创新创业心态，帮助有创业行动的学生制定专业高效、明确可行的创新创业决策。

第二节 "营销与社会"课程智慧教学改革实践示例

一 示例1 你身边的催眠大师：产品包装之设计赏析

1. 本章节在"营销与社会"课程中的地位和作用

"包装"被很多学者看作是市场营销组合（4P）的第5个P，是产品战略的重要组成部分。现代商业环境的市场细分愈发明显，包装作为营销活动中的"无声推销员"已经成为营销策略中的关键要素。在此背景下，结合了艺术与商业的"包装设计"也被赋予了更丰富的使命，优秀的系列包装甚至能成为企业树立市场地位、获取市场份额的重要推动力。本章节中的包装类别、设计理念、设计原则以及设计趋势等内容将帮助学生形成更立体的产品战略认知。

2. 教学目标

知识目标：①理解产品包装功能性及其对营销的重要作用；②掌握经典的包装设计理念、原则、思路以及具体方法与技巧；③整合包装设计中蕴含的营销学、心理学以及色彩学等多学科的交叉知识体系。

能力目标：①独立评鉴包装案例并提供改进思路，培养富有建设性的批判性思维；②设计产品包装提案，满足功能性的基础上具备一定的审美水平与商业价值，培养具有可行性的创造性思维；③预测新产品包装或迭代包装的市场反馈或变化，阐释学术依据；

④体验消费者与营销者的身份转变，通过对消费者需求与营销者目标的对比与匹配初步形成市场敏感性。

价值目标：①提高审美意识，塑造审美观；②认同"绿色包装"以及可持续发展理念，追寻人类价值与自然价值的和谐统一。

3. 学情分析

学习动机："包装设计"贴近生活，其精妙性可激发学生对学习的直接兴趣；案例评鉴、提案设计等活动可满足学生的学习能力感。

先备知识：学生对产品包装有一定认知经验，基础知识难度不大，可通过预习大纲、先导材料以及在线课程视频等实现知识的接收与反应；学生对心理学以及色彩学等相关学科的知识有所欠缺，需在翻转课堂中进行必要的补充。

学习习惯：较强的学习动机结合有趣的翻转活动可以保障互动参与度；生活化的知识点及活跃的课堂氛围可能会弱化学生的观察反思与理论整合，需重点引导其对知识架构的梳理与内化。

4. 教学重点和难点

教学重点：①补充包装设计涉及的心理学以及色彩学等相关学科基础理论，提高学生鉴赏能力；②帮助学生透彻理解包装设计理念、原则、思路以及具体方法与技巧，并在实操中合理应用；③训练学生独立评鉴包装案例，培养审美意识与批判性思维；④创建真实的实操演练情境，通过具有挑战性的任务激励学生整合所学知识、设计产品包装提案，培养学生创造性思维；⑤强化学生在消费者与营销者间的身份转换，培养"顾客导向"的学科思维；⑥适时强化学生对知识架构的梳理，推动其完成知识内化。

教学难点：①启发学生理解包装设计中的人性化原则，体会包装设计中的"感性思维"；②提高对"绿色包装"以及可持续发展的认知，引导学生思考企业活动与社会以及自然之间的依存性。

5. 教学方法设计

课前：①任务驱动法，在课程论坛（"智慧树"智慧教学平台）中通过"发话题、发帖子"的方式设置任务，推动学生通过独立思考以及互助协作等方式进行自主探索，以任务的完成结果检验并总结其学习过程；②自主学习法，学生自主安排在线课程视频的学习，摄取"知道即会"的认知型知识，并通过研读学术文献与扩展资料实现高阶内容的自主探究。

课中：①问题探究法，设置有挑战性的延伸问题，通过阅读、观察、思考以及讨论等方式的师生共同探究引导学生获得知识、发展能力；②头脑风暴法，在教辅 App（"知到"智慧教学辅助软件）中对课程重难点部分提出开放性问题，鼓励学生积极思考、充分讨论，最后由教师对重点以及亮点内容进行评价、对核心以及共性问题进行总结；③案例教学法，提供可激发学生兴趣的教学案例，组织学生针对案例开展互动，并在结合理论知识的同时，通过信息、知识、经验以及观点的碰撞实现理论的启示与思维的启迪；④情境教学法，有目的地创设生动具体的情境，为学生营造充满好奇心和求知欲的心理氛围，在体验中挖掘内在潜力、提升综合能力、锻炼协作意识、培养创新意识。

课后：讨论法，在课程论坛（"智慧树"智慧教学平台）中抛出纵深问题或扩展任务，通过同学分享与师生讨论等方式完成知识的价值化与价值体系的个性化。

6. 教学过程设计

"营销与社会"课程"你身边的催眠大师：产品包装之设计赏析"章节智慧教学改革过程设计的具体内容见表 5-2。

表5-2　"你身边的催眠大师：产品包装之设计赏析"智慧教学改革过程设计

教学活动			内容设计	育人目标
创设情境 激发动机		师	在课程论坛（智慧树）中"发话题、发贴子"设置导入活动	分析能力 发散性思维 批判性思维
课程导入		生	回贴 有哪些产品包装让你记忆深刻？内在原因可能是什么？（成功或失败案例均可）为便于探讨，请提供图片或链接。	
自主学习 体系构建		师	设计、制作线上课程视频 准备预习大纲 思维导图及课件 推荐学术文献及扩展资料	自主学习能力 学术探究能力 知识体系建构 逻辑思维
课前学习		生	利用预习大纲，在线视频，思维导图等学习认知型知识 通过研读参考文献及扩展资料探究高阶内容	
翻转课堂 应用新知 ↓ 大数据测评 动态化追踪	起 启发思考	师	用"投票"（知到）功能设置投票活动 总结评选结果并点评优秀案例 补充心理学、色彩学等相关学科基础知识	成就感 存在感 审美观
		生	为教师筛选出的优秀论坛回贴中喜欢的案例投票 听讲	
变式操练 能力提升 ↓ 课中参与	承 承接旧知	师	用"头脑风暴"（知到）功能设置讨论内容 总结讨论内容	学术探究能力 认知意义建构
		生	讨论 上一节我们学习了产品战略的内容，请分析产品包装在产品战略中的作用。	

续表

教学活动			内容设计	育人目标
翻转课堂 应用新知↓大数据测评 动态化追踪	转	认知突破	师	用"头脑风暴"（知到）功能设置案例分析活动 思政教育	责任意识 价值观念 人生态度
			生	充分发表看法 请分析以下包装案例，并列出你认为的优点及原因。案例1：日本水木森活水的绿色环保瓶 案例2：丹麦面包商Kohberg关爱女性健康（乳腺癌防治基金）的包装设计	
变式操练 能力提升 课中参与	合	整合创新	师	用"小组教学"（知到）功能设置综合性任务 点评小组表现	协作能力 分析能力 逻辑思维 创造性思维 知识价值化
			生	设计产品包装提案 某公司计划针对都市白领推出一款高端水果茶，假定你是该公司营销总监，请设计该产品包装提案，并写出至少三个创意点及原因（可借用相似的包装图片阐述）。	
拓展迁移 深度探究 课后拓展			师	在课程论坛（智慧树）中设置多个高阶开放性拓展问题 与学生深度探讨	学术探究能力 批判性思维 价值体系个性化
			生	根据自身需求选择性参与	

二 示例2 整合营销沟通之广告

1. 本章节在"营销与社会"课程中的地位和作用

广告是整合营销沟通战略的关键要素，它是连接企业与客户的"纽带"，是向消费者传递品牌价值观念的"触角"，更是广泛影响人生态度并引领生活习惯的"窗口"。随着新时代的商业发展与技术革新，广告承载内容有着更深层次的要求、广告传播形式也有着更多元化的选择。本章节将通过设定广告目标、确定广告预算、制定广告策略、评价广告效果等内容帮助学生对广告运作全流程建立感性认知并深刻理解广告在现代营销战略中的重要作用。

2. 教学目标

知识目标：①理解广告在整合营销沟通战略中的重要作用；②掌握广告目标、预算、策略以及评价方面的基本理论与具体方法；③整合广告运作流程中蕴含的营销学、传播学以及神经科学等多学科的交叉知识体系。

能力目标：①独立评鉴广告作品并阐释学术依据，正确把握审美方向以及道德方向，兼顾个性化认知；②设计符合情境需求的广告提案，准确识别目标受众并贴合需求、合理制定整体策略并细化方案，培养具有可行性的创造性思维；③认识到广告的时代性，了解广告发展史，能概述广告的发展趋势。

价值目标：①塑造审美价值与精神价值；②提高道德意识与法律意识，形成正确的营销道德观；③认同"互依共存，心怀大爱"的普世价值，追寻科学价值与社会价值的和谐统一。

3. 学情分析

学习动机：广告的熟悉、多元、直接、巧妙，可激发学生对学习的直接兴趣；案例评鉴、提案设计等活动可满足学生的学习能力感。

先备知识：学生作为消费者对广告有感性认知，先导材料以及在线课程视频能提供常识性知识；学生对传播学以及神经科学等相关知识有所欠缺，需在翻转课堂中补充；广告制作流程与学生有距离且步骤较复杂，需引导其完成体系构建。

学习习惯：比重合理的理论与反思以及体验与实践既可提升课堂氛围又可强化教学效果，有助于知识整合与内化；挑战性任务既可激发斗志也可滋长畏难情绪，需谨慎合理设计任务目标。

4. 教学重点和难点

教学重点：①补充广告涉及的传播学以及神经科学等相关学科经典理论，培养格物致知精神；②帮助学生透彻理解广告目标、预算、策略以及评价方面的基本理论与具体方法，构建广告运作流程体系；③训练学生独立评鉴广告案例，培养批判性思维与市场敏感度；④让学生知晓广告发展史，对广告的时代性产生感性认识；⑤推动学生深入思考广告中的道德与法律问题，形成营销价值观。

教学难点：①创建实操演练情境，合理制定任务目标，保有挑战性的同时通过阶段设计与师生互动降低学生的畏难情绪，激发其综合运用所学知识制定广告提案的斗志，培养创造性思维与逆商；②提高对"互依共存，心怀大爱"的普世价值的认知，引导学生思考科学理论与社会以及文化之间的统一性。

5. 教学方法设计

课前：①任务驱动法，在课程论坛（"智慧树"智慧教学平台）中通过"发话题、发帖子"的方式设置任务，推动学生通过独立思考以及互助协作等方式进行自主探索，以任务的完成结果检验并总结其学习过程；②自主学习法，学生自主安排在线课程视频的学习，摄取"知道即会"的认知型知识，并通过研读学术文献与扩展资料实现高阶内容的自主探究。

课中：①头脑风暴法，在教辅 App（"知到"智慧教学辅助软件）中对课程重难点部分提出开放性问题，鼓励学生积极思考、充分讨论，最后由教师对重点以及亮点内容进行评价、对核心以及共性问题进行总结；②案例教学法，提供可激发学生兴趣的教学案例，组织学生针对案例开展互动，并在结合理论知识的同时，通过信息、知识、经验以及观点的碰撞实现理论的启示与思维的启迪；③情境教学法，有目的地创设生动具体的情境，为学生营造充满好奇心和求知欲的心理氛围，在体验中挖掘内在潜力、提升综合能力、锻炼协作意识、培养创新意识；④问题探究法，设置有挑战性的延伸问题，通过阅读、观察、思考以及讨论等方式的师生共同探究引导学生获得知识、发展能力。

课后：讨论法，在课程论坛（"智慧树"智慧教学平台）中抛出纵深问题或扩展任务，通过同学分享与师生讨论等方式完成知识的价值化与价值体系的个性化。

6.教学过程设计

"营销与社会"课程"整合营销沟通之广告"章节智慧教学改革过程设计的具体内容见表 5-3。

第三节　"营销与社会"课程
智慧教学改革效果评价

一　"营销与社会"课程智慧教学改革效果 IE-CES 评价指标体系评分

为全面评价并客观呈现笔者主讲的"营销与社会"课程基于

表5-3 "整合营销沟通之广告"智慧教学改革过程设计

教学活动		师/生	内容设计	育人目标
创设情境激发动机	起 启发思考	师	在课程论坛（智慧树）中"发话题、发贴子"设置"设置导入活动	分析能力 发散性思维 道德观念
课程导入		生	回贴 你是如何看待"只有受者才能看得见的广告"这则案例的？并说明案例带给你最深的感触。	
自主学习体系构建		师	设计、制作线上课程视频 准备预习大纲、思维导图及课件 推荐学术文献及扩展资料	自主学习能力 学术探究能力 知识体系建构 逻辑思维
课前学习		生	利用预习大纲、在线视频、思维导图等学习认知型知识 通过研读参考文献及扩展资料探究高阶知识	
翻转课堂应用新知↓大数据测评动态化追踪	承 承接旧知	师	用"高频词汇提取"技术（知到）交流、总结并评价学生在课前论坛中的案例讨论情况	存在感 批判性思维
		生	质疑与讨论	
变式操练能力提升		师	用"头脑风暴"（知到）功能设置讨论活动 总结讨论内容	学术探究能力 认知意义建构
课中参与		生	讨论 "广告"这一要素在整合营销沟通（IMC）中的作用是什么？目前已完成IMC中公关、促销、人员推销三个要素的学习，与其他要素相比，广告有哪些优势和劣势？	

续表

教学活动			师/生	内容设计	育人目标
翻转课堂 应用新知 ↓ 大数据测评 动态化追踪 ↓ 变式操练 能力提升 课中参与	转	认知突破	师	用"头脑风暴"（知到）功能设置案例分析活动 思政教育 补充传播学、神经科学等相关学科基础知识	责任意识 价值观念 格物致知精神
			生	充分发表看法 请用微信扫描 PPT 上的二维码观看以下两则广告，并比较说明两则案例的精妙之处、相似之处及不同之处。 案例 1：腾讯科技"小朋友"画廊 案例 2：宝马 M2 的 R5 营销 听讲	
	合	整合创新	师	用"小组教学"（知到）功能设置综合性任务 点评小组表现	协作能力 分析能力 市场敏感度 创造性思维 逆商
			生	设计广告提案 产品：王者荣耀 背景：双十一购物节 范式：广告目标，广告受众，广告主题，广告类型，投放平台，投放时机，创意亮点等	
拓展迁移 深度探究 课后拓展			师	在课程论坛（智慧树）中设置多个高阶开放性拓展问题 与学生深度探讨	学术探究能力 批判性思维 价值体系个性化
			生	根据自身需求选择性参与	

"3P"交互啮合式智慧教学改革模型进行智慧教学改革的实际建设情况，笔者进一步处理了第四章第五节中针对"营销与社会"课程智慧教学改革情况的问卷回收数据，在分别剔除了全部五类调查对象（教学专家、学校督导、学院领导、同行教师以及 2021 年度与 2022 年度修过该门课程的学生）的极值后，取剩余 243 份问卷数据中对"营销与社会"课程智慧教学改革效果在 IE-CES 智慧教学改革效果评价指标体系下的各项三级指标得分情况的算数平均值，并根据表 4-18 中的 IE-CES 智慧教学改革效果评价指标体系权重对各指标得分均值进行加权处理，最终结果显示"营销与社会"课程的智慧教学改革效果 IE-CES 评价指标体系评分为 87.76 分（见表 5-4），综合得分率超过 87%，表明"营销与社会"课程的智慧教学改革效果较为优秀，进一步证明了"3P"交互啮合式智慧教学改革模型具有较高的实效性，具备进一步推广的价值。

二 "营销与社会"课程智慧教学改革效果实验组与对照组比较

笔者以其主讲的"营销与社会"课程作为智慧教学改革对象进行的"3P"交互啮合式智慧教学改革模型的实践应用目前已完成了多个学期的完整实践。在该课程进行智慧教学改革的先期阶段，为检验智慧教学改革效果，笔者将进行"营销与社会"课程学习的半数班级作为应用智慧教学改革的实验组、半数班级作为应用传统教学的对照组，在学期结束后收集了基础考核指标、能力考核指标以及学生满意度三个方面的数据。其中基础考核指标的数据来自智慧教学辅助软件后台的大数据统计结果以及学校教务系统中的学生成绩，能力考核指标以及学生满意度的数据来自问卷调查，实验组与对照组的比较与调查共持续了五个学期，共发放问卷 553 份，其中

表 5-4 "营销与社会"课程智慧教学改革 IE-CES 评价指标体系评分

一级指标	二级指标	三级指标	得分	百分制	权重 w	加权得分
智慧教学环境 A1	硬环境 B1	校园无线网络 C1	3.00	60.08	0.0165	0.99
		智慧教学设备 C2	3.14	62.72	0.0406	2.55
		智慧教室 C3	2.74	54.81	0.0067	0.37
	软环境 B2	智慧教学平台 C4	3.61	72.18	0.0479	3.46
		智慧教学教辅软件 C5	3.58	71.60	0.1437	10.29
智慧教学素养 A2	教师素养 B3	智慧教学意识 C6	4.99	99.75	0.0350	3.49
		智慧教学能力 C7	4.90	98.02	0.0117	1.15
		智慧教学水平 C8	4.90	98.02	0.0117	1.15
	学生素养 B4	主观能动性 C9	4.13	82.55	0.0017	0.14
		自主学习能力 C10	4.00	79.92	0.0050	0.40
		信息化水平 C11	4.26	85.10	0.0050	0.43
智慧教学设计 A3	教学目标 B5	以学生为中心 C12	4.74	94.73	0.0643	6.09
		与人才培养方案相符 C13	4.80	96.05	0.0262	2.52
		三位一体 C14	4.73	94.57	0.0262	2.48
		一贯性 C15	4.78	95.56	0.0262	2.50
		可度量 C16	4.72	94.49	0.0114	1.08
	教学模块 B6	理论基础的智慧化植入 C17	4.78	95.64	0.0471	4.50
		思维体系的智慧化构建 C18	4.70	93.91	0.0471	4.42
		行为模式的智慧化塑造 C19	4.65	92.92	0.0601	5.58
	教学方案 B7	学情分析 C20	4.61	92.18	0.0199	1.83
		大纲制定 C21	4.60	92.10	0.0199	1.83
		任务编排 C22	4.49	89.71	0.0070	0.63
		教学组织 C23	4.48	89.55	0.0027	0.24
		教学方法 C24	4.70	94.07	0.0107	1.01
	教学考核 B8	明确性 C25	4.64	92.84	0.0132	1.23
		多源性 C26	4.53	90.53	0.0045	0.41
		复合性 C27	4.49	89.71	0.0016	0.14
		立体性 C28	4.80	96.05	0.0076	0.73

续表

一级指标	二级指标	三级指标	得分	百分制	权重 w	加权得分
智慧教学实施 A4	教学内容 B9	适配度 C29	4.91	98.27	0.0495	4.86
		丰容度 C30	4.81	96.21	0.0344	3.31
		纵深度 C31	4.74	94.73	0.0115	1.09
		思辨度 C32	4.82	96.46	0.0115	1.11
	教学资源 B10	多模态交互化 C33	4.90	97.94	0.0080	0.78
		可选取层级化 C34	4.91	98.27	0.0080	0.79
		追踪式迭代化 C35	4.81	96.30	0.0016	0.15
	教学活动 B11	多样性 C36	4.88	97.53	0.0106	1.03
		互动性 C37	4.75	94.98	0.0215	2.04
		灵活性 C38	4.84	96.79	0.0037	0.36
		生成性 C39	4.73	94.65	0.0058	0.55
		延展性 C40	4.57	91.44	0.0020	0.18
智慧教学反馈 A5	教学过程反馈 B12	动态实时把控 C41	4.55	91.03	0.0498	4.53
		大数据分析 C42	4.22	84.44	0.0166	1.40
		双域双频沟通 C43	4.27	85.43	0.0166	1.42
	教学结果反馈 B13	客观成绩 C44	4.52	90.37	0.0119	1.08
		主观感受 C45	4.54	90.78	0.0040	0.36
		反思调整 C46	4.51	90.29	0.0119	1.07
总计	—	—	—	—	—	87.76

实验组 297 份、对照组 256 份，共回收有效问卷 489 份，其中实验组 264 份、对照组 225 份。对利用"3P"交互啮合式智慧教学改革模型进行"营销与社会"课程智慧教学改革的实践效果具体分析如下。

（一）基础考核指标

基础考核指标包括出勤率、课堂参与度、期末总成绩的及格率以及优秀率四个方面，其中出勤率与参与度的数据来源为智慧教学辅助软件的后台数据，及格率与优秀率的数据来源为学校教务处的"学生成绩系统"，均采用五个学期相关数据的平均值进行比较（见图 5-1）。

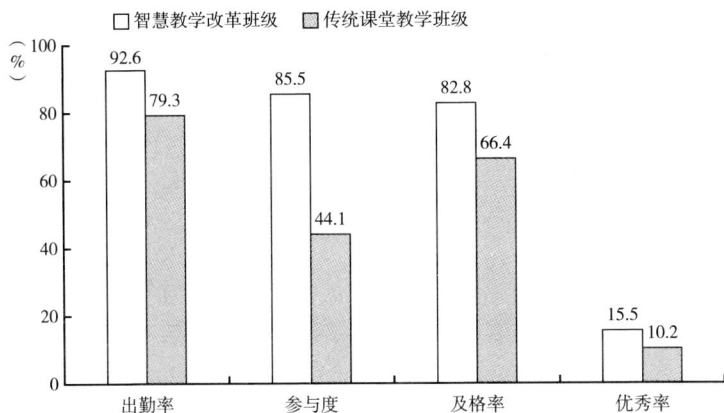

图 5-1　基础考核指标比较结果

　　"营销与社会"课程智慧教学改革的过程性指标中的出勤率达92.6%、课堂参与度的增长率近 100%，其主要原因是线上课程视频将教师从机械的知识传授中解放出来，使其能更加专心于线下翻转课堂的设计与组织，同时智慧教学辅助软件显著提高了课堂活动效率，新颖、高效的线下见面课可预见地提高了对学生的吸引力。此外，从学生的自我感知来看，课堂参与度显著提高的主要原因如图5-2 所示。虽然在以分数为评价标准的传统考核体系的长期影响下，"获得平时成绩"仍是学生参与课堂的主要原因，但是"深入理解知识点"以及"课堂任务具有挑战性"等智慧教学改革的预期效果也已成为促使学生参与课堂的主要动力；同时智慧教学改革中的线上课程视频满足了学生课前自主学习的需求，"具备基础知识"得以让实操演练时的理论依据更充沛、活动思路更清晰、创新创造更有动力，有效解决了传统课堂讲授与实践中横亘的"不知如何下手"的鸿沟。

　　"营销与社会"课程智慧教学改革的结果性指标中的及格率达82.8%、优秀率的增长率超过 50%，这一方面得益于 Push 模块中在

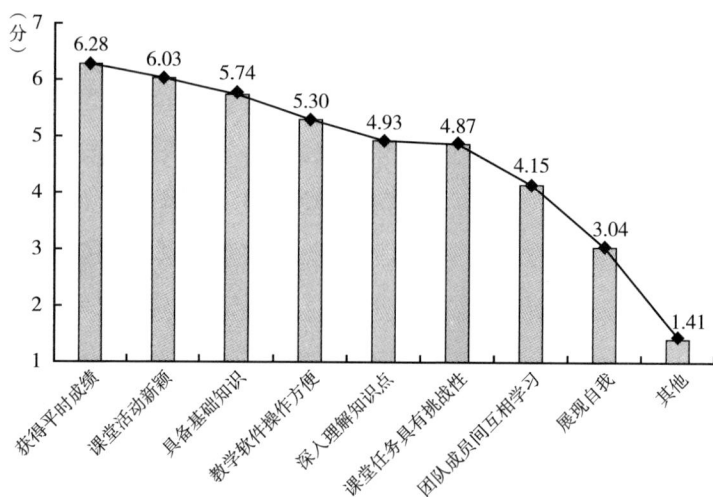

图 5-2　学生自我感知的参与课堂主要原因

线课程视频具备的可以多次学习核心知识点的特性更有利于学生反复夯实基础知识，另一方面得益于 Pull 模块和 Practice 模块所增加的拔高内容满足了"跳一跳才能够得着"的"金课"建设要求，从而能够有效实现对学生知识运用能力的训练以及对学生综合素质的提升。

（二）能力考核指标

综合教师和学生两方面的评估结果并进行加权平均处理后的能力考核指标数据情况如图 5-3 所示。进一步对实验组和对照组的数据均值进行独立样本 T 检验后，结果显示除了"团队合作能力"以及"沟通能力"两项的 P 值大于 0.05 即差异不显著以外，其他四项的 P 值均不大于 0.014（≤0.05），即实验组与对照组之间的差异显著。"团队合作能力"以及"沟通能力"差异不显著的原因可能是对照组班级的传统教学模式中有部分课堂活动也会采用小组形式进行，因此学生的团队合作能力以及沟通能力也能得到一定程度的训练；而"问题探究能力"、"自主学习能力"、"知识应用能力"以及"创新能力"等方面的显著提升则契合了基于"3P"交互啮合式智慧教学改革模型进行的智慧教学改革与传统教学的关键区别，有力地证实了基于"3P"交互啮合式智慧教学改革模型进行的智慧教学改革对学生的高级思维以及解决复杂问题的综合能力的显著培养效果。

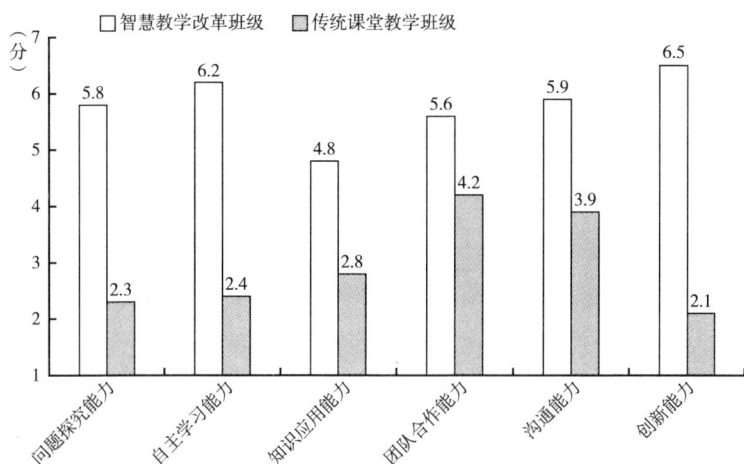

图 5-3　能力考核指标比较结果

（三）学生满意度

从"营销与社会"课程智慧教学改革的总体满意度来看，92.42%的学生对"营销与社会"课程的智慧教学改革表示很满意，另有 7.58%的学生不满意，这可能是课程内容设计的不足，也可能是由于部分学生未能适应新的教学模式。同时，采用五点李克特量表调查的针对"营销与社会"课程智慧教学改革的具体评价指标满意度数据结果如图 5-4 所示（因在各项具体评价指标满意度中选择"非常不满意"一项的学生占比均不高于 1.89%，故"非常不满意"一项的具体数值未在图中标出）。若将"满意"与"非常满意"两

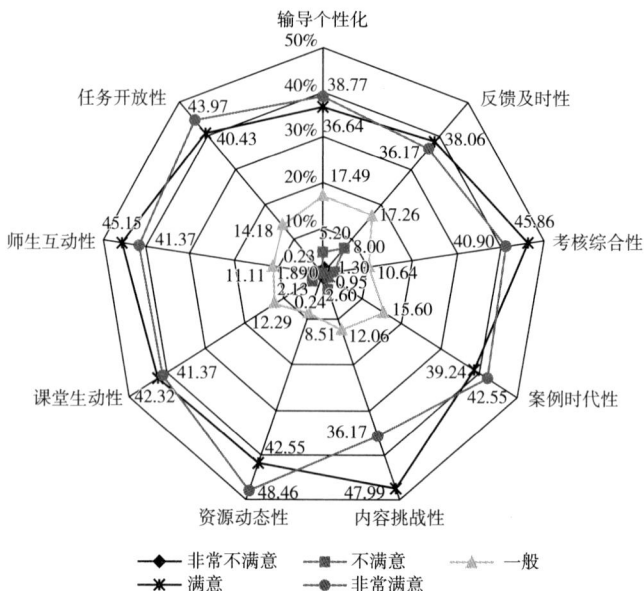

图5-4 学生满意度分析结果

项相加，可以看出实验班中近九成学生对基于"3P"交互啮合式智慧教学改革模型进行的"营销与社会"课程智慧教学改革都表示满意，包括资源动态性（91.01%）、考核综合性（86.76%）、师生互动性（86.52%）、任务开放性（84.40%）、内容挑战性（84.16%）、课堂生动性（83.69%）以及案例时代性（81.79%）七个具体评价指标，但辅导个性化（75.41%）以及反馈及时性（74.23%）两个具体评价指标的效果不尽理想，考虑到"营销与社会"课程目前约为1∶100的师生比，或许师生数量差距过于悬殊是导致这一结果的主要原因，进一步建设课程团队也是未来须侧重的完善方向。

总体上来说，基于"3P"交互啮合式智慧教学改革模型进行的"营销与社会"课程智慧教学改革达成了预期效果，实现了用高阶课堂取代低阶课堂、用思辨课堂取代灌输课堂、用开放课堂取代封闭课堂的目标，打破了传统教学模式中重出勤轻知识、重卷面轻能力、重考试轻素质的陈腐局面。作为智慧教学改革的初探，"3P"交互啮合式智慧教学改革模型为"营销与社会"课程的智慧教学改革提供了有力助力，基于"3P"交互啮合式智慧教学改革模型进行的"营销与社会"课程智慧教学改革效果有力证明了"3P"交互啮合式智慧教学改革模型作为地方高校智慧教学改革的基础模型具备相当的实效性与功用性。

第六章
地方高校智慧教学改革现状

　　为了保证地方高校智慧教学改革推进路径的实效性，了解地方高校的智慧教学改革现状是后续提出地方高校智慧教学改革推进路径的必要基础。

　　截至 2022 年 5 月，教育部发布的涉及 22 个省、5 个自治区以及 4 个直辖市的统计数据显示，中国普通高等院校共计 2759 所，其中中央部署普通高等院校 118 所，占比 4.28%，地方普通高等院校 2641 所，占比 95.72%；吉林省普通高等院校共计 66 所，其中中央部属普通高等院校 2 所，占比 3.03%，地方普通高等院校 64 所，占比 96.97%，与全国比例整体相当。中国本科院校共计 1270 所，其中中央部署本科院校 115 所，占比 9.06%，地方本科院校 1155 所，占比 90.94%；吉林省本科院校共计 37 所，其中中央部署本科院校 2 所，占比 5.41%，地方本科院校 35 所，占比 94.59%，与全国比例差距不大。中国专科院校共计 1489 所，其中中央部署专科院校 3 所，占比 0.20%，地方专科院校 1486 所，占比 99.80%；吉林省专科院校共计 29 所，其中中央部署专科院校 0 所，占比 0%，地方专科院校 29 所，占比 100%，与全国比例基本一致[1]。从吉林省各办学

---

　　[1]　中华人民共和国教育部：《全国高等学校名单》，2022 年 5 月 31 日，http://www.moe.gov.cn/jyb_ xxgk/s5743/s5744/A03/202206/t20220617_ 638352. html。

层次的中央部署高校与地方高校在省内占比与全国比例的一致性来看，吉林省地方高校具有较强的代表性。

此外，吉林省地方普通高等院校数量占全国地方普通高等院校数量比重为 2.42%，在 31 个省市自治区中排名 21 位，处于略靠后的中段位置（见图 6-1），虽然较省级行政单位普通高等院校数量均值 85 所以及省级行政单位普通高等院校数量中位数 82 所还存在一定差距，但与全国平均水平整体相当。吉林省地方本科院校数量占全国地方本科院校数量比重为 3.03%，与省级行政单位地方本科院校数量占比均值相差 0.3%，与全国平均水平基本一致。吉林省地方专科院校数量占全国地方专科院校数量比重为 1.95%，与全国平均水平差距不大。从吉林省各办学层次的地方高校在全国占比与全国平均水平的均衡性来看，吉林省地方高校具有较强的代表性。

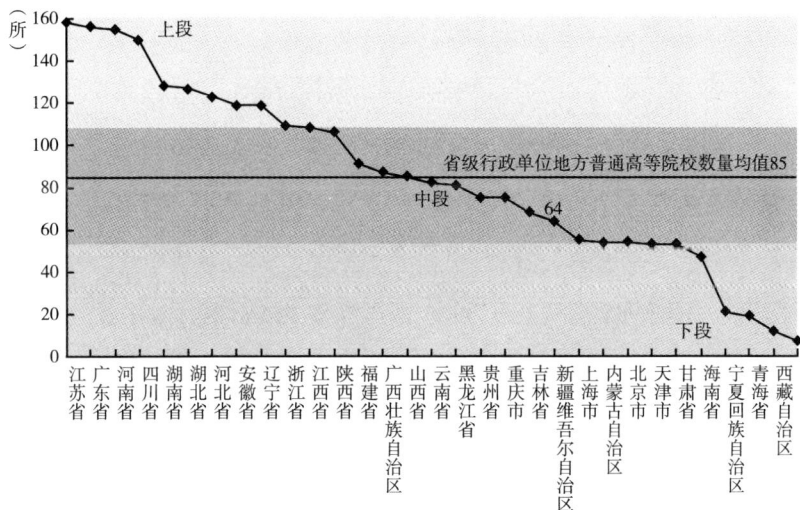

图 6-1 全国 31 个省市自治区的地方普通高等院校数量

故本章以吉林省为例，从智慧教学主体发展态势、智慧教学环境成熟程度、智慧教学素养水平基础、智慧教学资源建设情况以及智慧教学范式实践效果 5 个方面着手，对地方高校的智慧教学改革现状进行了调查与分析，具体内容如下。

第一节　智慧教学主体发展态势

智慧教学改革离不开智慧教学主体的积极推进与深化参与，智慧教学主体的客观背景、能力水平、近况趋势以及潜力空间等均会对其未来的智慧教学改革方向产生不可忽视的重要影响，只有准确评估包括智慧教学主体发展近况与智慧教学主体发展空间在内的智慧教学主体发展态势，才能在制定地方高校智慧教学改革的推进路径时最大限度地保证蝴蝶效应的源头正在以预期中正确的方式扇动翅膀。

一　智慧教学主体发展近况

截至 2022 年 7 月，中国双一流建设高校共计 147 所，吉林省双一流建设高校共计 3 所，分别为吉林大学、东北师范大学以及延边大学①②，其中吉林大学与东北师范大学均直属教育部，吉林省地方高校仅延边大学一席，且仅有"外国语言文学"一个专业入选双一流建设；中国 985 高校共计 39 所，吉林省 985 高校 1 所，为吉林大学③；中国 211 高校共计 115 所，吉林省 211 高校 3 所，分别为吉林

---

① 中华人民共和国教育部、财政部、国家发展改革委：《关于公布世界一流大学和一流学科建设高校及建设学科名单的通知》，2017 年 9 月 20 日，http://www.moe.gov.cn/srcsite/A22/moe_843/201709/t20170921_314942.html。

② 中华人民共和国教育部、财政部、国家发展改革委：《关于公布第二轮"双一流"建设高校及建设学科名单的通知》，2022 年 2 月 9 日，http://www.moe.gov.cn/srcsite/A22/s7065/202202/t20220211_598710.html。

③ 中国共产党第十五次全国代表大会：《面向 21 世纪教育振兴行动计划》，教育部 1998 年 12 月 24 日制定，国务院 1999 年 1 月 13 日批转。

大学、东北师范大学以及延边大学①。不难看出，吉林省地方高校整体的高水平建设情况不尽如人意，头部地方高校的建设显得尤为弱势，吉林省地方高校中仅有延边大学跻身全国前列，其他地方高校的教育影响力仍局限于小范围的区域内部，未能成功参与双一流建设。吉林省作为"共和国长子"之一，是中国重要的工业基地，素来拥有较为浓郁的教育氛围，但不得不承认的是，即便拥有上乘的区域教育环境，目前吉林省地方高校的教育资源与教育水平仍有着疲软的态势。总体来看，地方高校对高水平顶尖人才的培养稍显乏力，无法从人才资源的角度全力支持区域发展。

二　智慧教学主体发展空间

教育部部长怀进鹏在第十三届国际高等教育大会上强调了新冠疫情对高等教育形态的深刻重塑以及对高等教育改革的加速推进②，可以说智慧教学改革既是高等教育高质量发展的时代要求，也是高等院校弯道超车的历史机遇。对于教育底蕴深厚但是发展近况并不理想的地方高校来说，如果能够及时搭上智慧教学这一列高等教育教学改革快车，便有可能在高等教育的发展新时代中抢占先机，培育更多的双一流建设高校与建设学科，实现将地方院校中已有双一流建设学科的双一流建设学科规模扩大并向双一流建设高校方向培育，将地方院校中未能参与双一流建设的中国高水平大学提升至中国一流大学，将地方院校中排名靠前的区域一流大学提升至中国高水平大学甚至是中国一流大学，将地方院校中排名靠后的区域一流

---

① 中华人民共和国国家教委：《关于重点建设一批高等学校和重点学科点的若干意见》，1993 年 7 月 15 日。

② 中华人民共和国教育部：《怀进鹏部长在第十三届国际高等教育大会部长论坛上作视频致辞》，2022 年 2 月 10 日，http：//www.moe.gcv.cn/jyb_ zzjg/huodong/202202/t20220210_ 598400.html。

大学提升至区域一流大学中靠前的排名，将地方院校中其他的区域高水平大学以及区域知名大学向区域一流大学的方向培育[①]，同时争取将更多的地方高校提升至区域高水平大学以及区域知名大学的水准，全面提升地方高校的教育教学质量，以人才供给保证区域发展的内生动力。总体来看，智慧教学改革的时代机遇为地方高校提供了广阔的发展空间。

第二节　智慧教学环境成熟程度

《教育信息化"十三五"规划》指出要实现信息化从服务课堂学习拓展为支撑网络化的泛在学习的转型，要深化信息技术与教育教学的融合发展[②]。为达成教育信息化 2.0 时代的发展目标，智慧教学环境须从多方面做好相应的支撑与辅助。具体来说，智慧教学环境可以分为智慧教学硬环境与智慧教学软环境，其中智慧教学硬环境主要包括校园无线网络、智慧教学设备以及智慧教室，智慧教学软环境主要包括智慧教学平台以及智慧教学教辅软件。智慧教学硬环境与智慧教学软环境共同打造了智慧教学改革的氛围基础，为智慧教学改革的顺利实践提供了必要的环境要素。

一　智慧教学硬环境

吉林省地方高校的校园无线网络建设情况较好，建设率已达 90%以上。吉林省高等院校标准化教室的网络多媒体覆盖率早已达到 100%，但是这种基础且陈旧的智慧化改动已经不再能满足智慧教学改

---

① 《校友会 2023 中国大学排名：高考志愿填报指南》，艾瑞深校友会网，2023 年 4 月 6 日。

② 中华人民共和国教育部：《教育信息化"十三五"规划》，2016 年 6 月 7 日，http：//www.moe.gov.cn/srcsite/A16/s3342/201606/t20160622_ 269367. html。

革深度信息化的要求，智慧教室这一全维度的智慧化空间需要更深入立体的智慧化改动或智慧化建设，可以说智慧教室在某种程度上已经成为智慧教学的环境刚需。自 2017 年起，吉林大学、东北师范大学、长春师范大学以及松原职业技术学院等吉林省少部分高等院校开始着手建设智慧教室，直至 2018 年 11 月，吉林省高等教育"智慧教育建设及数字人才培养"研讨会的顺利召开正式将智慧教室的现实需求与发展规划更直观地铺陈在了与会的 53 所高校面前，于是吉林省高等院校陆续开始了智慧教室建设工程。例如，吉林大学启动了智慧教室改造工程，计划在"十四五"期间完成 6 个校区、18 栋教学楼、668 间教室的"标准化、智慧化、功能化"改造①，截至 2022 年 12 月 27 日，全部 668 间教室均进行了不同程度的"三化"升级，并有 159 间教室已完成智慧教室建设②；东北师范大学的多批智慧教室也已完成建设并投入使用③④，截至 2022 年 11 月 10 日还有 4 期智慧教室正在有序建设中⑤。

吉林省公办地方高校的智慧教室建设工程也在迅速推进，截至 2022 年 4 月，据公开可查信息，吉林省 23 所公办地方本科院校中已有 22 所开展了智慧教室建设，智慧教室建设率超过 95.65%，吉林省 21 所公办地方专科院校中已有 6 所开展了智慧教室建设，智慧教室建设率近 30%，吉林省 44 所公办地方高校的智慧教室建设率总计

① 《校党委书记姜治莹检查"三化"教室改造工程和水务集团大楼改建项目》，吉林大学官网，2021 年 3 月 10 日，https：//www.jlu.edu.cn/info/1339/49160.htm。

② 《吉林大学：开展融合式教学改革，深入推进教育数字化》，吉林大学新闻中心网站，2022 年 12 月 27 日，http：//news.jlu.edu.cn/info/1306/56678.htm。

③ 《我校首批"智慧教室"建成并投入使用》，东北师范大学官网，2018 年 12 月 6 日，https：//www.nenu.edu.cn/info/1055/4090.htm。

④ 《我校"通用型研究生智慧教室"建成并正式投入使用》，东北师范大学研究生院官网，2020 年 12 月 7 日，https：//yjsy.nenu.edu.cn/info/1244/4413.htm。

⑤ 数据来源于采招网（https：//www.bidcenter.com.cn/）以及各高校官网，笔者统计分析。

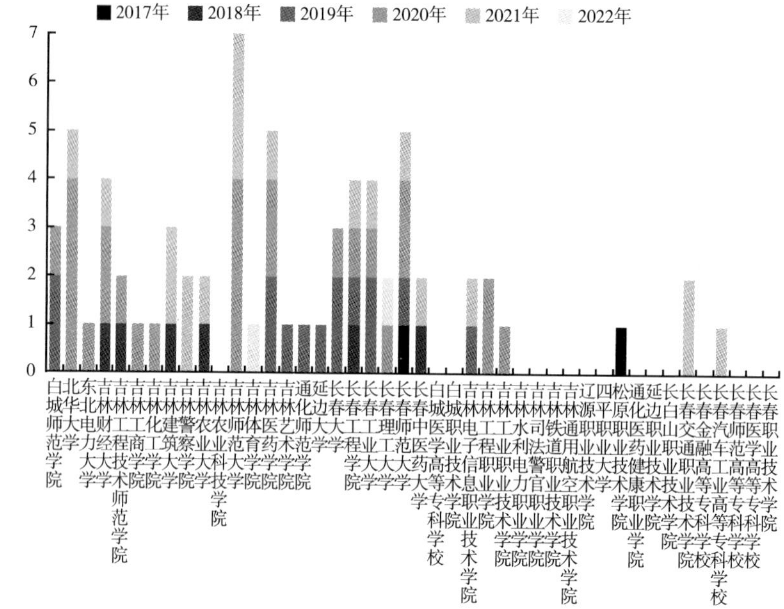

图 6-2　吉林省公办地方高校智慧教室建设批次情况

63.64%，其中 17 所吉林省公办地方本科院校与 1 所吉林省公办地方
专科院校开展了不止 1 批次的智慧教室建设（见图 6-2）①。吉林省
公办地方高校共开展智慧教室建设 69 批次，在开展智慧教室建设的 28
所吉林省公办地方高校中，智慧教室建设批次均值为 2.46 批次，最大
值为 7 批次，最小值为 1 批次。此外，吉林省公办地方高校开展智慧
教室建设共投入资金近 1.5 亿元，在开展智慧教室建设的 28 所吉林省
公办地方高校中，智慧教室建设资金均值近 530 万元，最大值近 2200
万元，最小值不足 90 万元（见图 6-3）②。可以看出虽然吉林省公办
地方高校智慧教室建设率较高、投入资金较多，但是智慧教室建设

---

　　① 数据来源于采招网（https：//www.bidcenter.com.cn/）以及各高校官网，笔者统
计分析。

　　② 数据来源于采招网（https：//www.bidcenter.com.cn/）以及各高校官网，笔者统
计分析。

批次与建设资金的差距在高校间较为悬殊，极个别吉林省公办地方高校领跑智慧教室建设，无论是在建设批次还是建设资金上都在前列，然而多数吉林省公办地方高校的智慧教室建设仍处于初级阶段，在开展智慧教室建设的 28 所吉林省公办地方高校中有 18 所的建设批次低于均值、19 所的建设资金低于均值，可见吉林省公办地方高校的智慧教室建设还有长足的发展空间。与此同时，吉林省民办地方高校的智慧教室建设情况更加不容乐观，吉林省 12 所民办本科院校以及 8 所民办专科院校均未开展任何智慧教室建设。

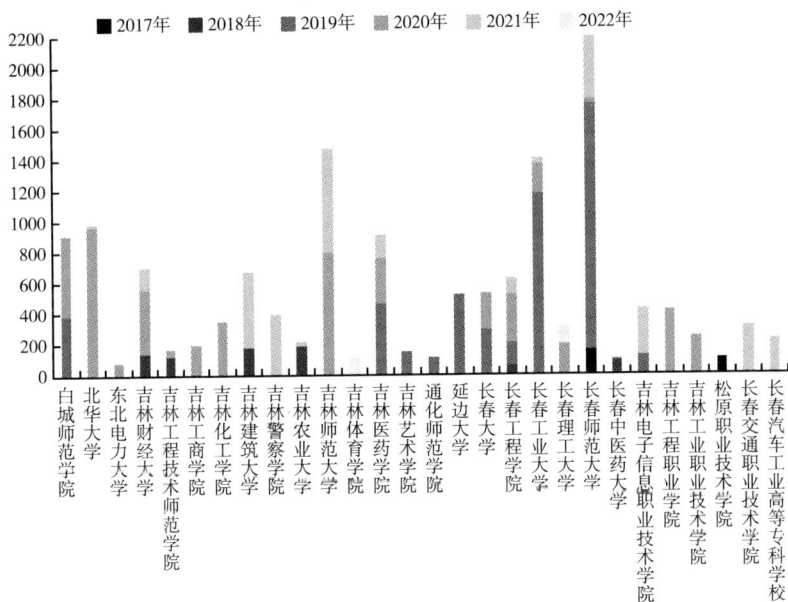

图 6-3 吉林省公办地方高校智慧教室建设资金情况

总体来看，地方高校的无线网络以及多媒体等基础性智慧教学硬环境的建设情况优异，但智慧教室等立体化智慧教学硬环境的建设还存在如下问题：一是在不同办学层次的高等院校间差距显著，表现为本科地方院校的智慧教室建设明显优于专科地方院校的智慧教室建设；二是在不同办学主体的高等院校间差距显著，表现为公办地方院校的智慧教室建设远远领先于民办地方院校的智慧教室建设；三是在已开展智慧教室建设的地方高校间差距显著，表现为极个别地方高校领跑智慧教室建设，大多数地方高校仍局限在对智慧教室建设的初探。

二　智慧教学软环境

2020 年新冠疫情发生之前，吉林省已有超过 95% 的高校开展过不同程度的智慧教学平台与智慧教学辅助软件方面的培训[①]。2020 年新冠疫情期间，吉林省 35 所地方本科院校的智慧教学平台线上开课率高于 90%，其中 23 所公办地方本科院校的智慧教学平台线上开课率达 100%，吉林省全部 37 所本科院校在该学期应开设课程共计29576 门，其中 28955 门在各智慧教学平台上开设了线上课程，占比97.90%[②]，各智慧教学辅助软件也在线上教学的过程中得到了广泛应用。虽然在 2020 年新冠疫情发生之前吉林省已有超过 70% 的高校建有学校专属的智慧教学平台，但是碍于学校自有平台的规模与功能限制，教师在开设线上课程时还是更多选用智慧树、学银在线、中国大学MOOC 以及学堂在线等规模更大、课程更多、功能更全的成熟智慧教学平台，并配合使用腾讯会议、雨课堂、钉钉、微信、QQ、学习通、云班课、课堂派以及知到等智慧教学辅助软件（见图 6-4）。

总体来看，地方高校积极开展了对智慧教学平台以及智慧教学辅助软件的教师培训，且在新冠疫情发生后基本实现了向智慧教学平台进行课程迁移，同时逐步推进了对智慧教学辅助软件的应用。目前地方高校教师选用的智慧教学平台比较集中，但选用的智慧教学辅助软件相对分散，可能会为参与智慧教学的学生带来一定的不便。

---

① 数据来源于《吉林省本科高校 2020 年春季学期在线教学质量调查分析报告》，笔者整理分析。

② 数据来源于《吉林省本科高校 2020 年春季学期在线教学质量调查分析报告》，笔者整理分析。

同时，地方高校自建的学校专属智慧教学平台的功用有限，从利用效率以及应用效果来看，其进一步建设或维护的必要性还有待商榷。

图6-4　吉林省地方高校智慧教学平台与智慧教学辅助软件使用频率矩阵

第三节　智慧教学素养水平基础

智慧教学素养是师生在教学过程中能否高效实现智慧教学目标的重要内生影响因素，直接关系到师生的智慧教学改革实践能力与实操效果，是地方高校推进智慧教学改革的底层逻辑基础。只有综合提高师生的智慧教学素养，着重培育教师的智慧教学意识、智慧教学能力以及智慧教学水平，强化引导学生的主观能动性、自主学习能力以及信息化水平，才能在智慧教学改革的实践过程中形成师生智慧教学素养的动态平衡，从而为智慧教学改革效果提供双重的人员素养加成。

一 教师智慧教学素养

2020 年新冠疫情发生之前，吉林省高校已有 61% 开展过教师智慧教学素养培育相关主题的培训活动，教师智慧教学素养培育相关主题的培训活动的覆盖面超过了吉林省高校在职专任教师的 52%[①]，且近 56% 开展过教师智慧教学素养培育相关主题培训活动的高校常设相关培训。2020 年新冠疫情期间，吉林省全部 37 所本科院校的在职专任教师进行智慧教学改革的人数突破 2.6 万，占吉林省本科院校全体在职专任教师人数的 76.77%（见图 6-5），可以说吉林省本科院校近八成的教师在彼时就具备了基础的智慧教学素养。但是一方面，这些教师的分布并不平均，有 15 所吉林省本科院校具备基础智慧教学素养的教师比例超过 90%，同时也有 4 所吉林省本科院校具备基础智慧教学素养的教师比例不足 50%[②]；另一方面，基础的智慧教学素养只能满足一时的应急式智慧教学改革尝试，无法支撑长期深入的智慧教学改革实践。对相关教师智慧教学改革的自我评价调查也印证了多数进行智慧教学改革尝试的教师的智慧教学素养有待提升的分析结论，与智慧教学认知、智慧教学理念、智慧教学目标、智慧教学内容、智慧教学资源开发、智慧教学方法、智慧教学评价、智慧教学效果以及智慧教学意愿等方面相比，相关教师对自身智慧教学素养的评价明显偏低（见图 6-5），可以看出吉林省高校在职专任教师的智慧教学素养在客观水平上还具有一定的提升空间，同时在主观认知上也具有强烈的提升意愿。为进一步提升吉林省地方高校教师的智慧教学素养，在新冠疫情发生之后，吉林省各高校均加大了组织智慧教学素养培育相关主题的培

---

① 数据来源于《吉林省本科高校 2020 年春季学期在线教学质量调查分析报告》，笔者整理分析。

② 数据来源于《吉林省本科高校 2020 年春季学期在线教学质量调查分析报告》，笔者整理分析。

训活动的力度，截至 2020 年 7 月，超过 90% 的吉林省地方高校已开展过相关培训，并且有超过 95% 的吉林省地方高校在职专任教师认为自己的智慧教学素养在培训或实践的过程中得到了有效提升。

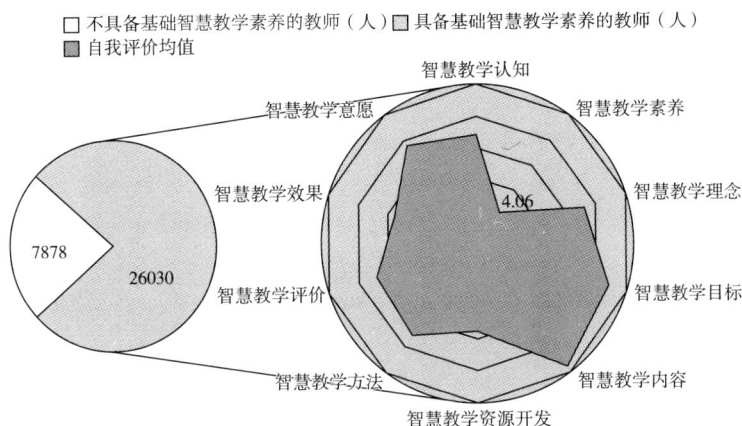

图 6-5　吉林省本科院校在职专任教师智慧教学改革自我评价

总体来看，地方高校在新冠疫情发生后加强了对教师智慧教学素养培育相关主题培训活动的开展，地方高校教师在相关主题培训活动中也切实提升了自身的智慧教学素养。但是，目前地方高校教师的智慧教学素养多处于较为基础的水平，若想长期深入地进行智慧教学改革实践，还需要持续提升地方高校教师的整体智慧教学素养。此外，基础的教师智慧教学素养在地方高校之间的分布并不均匀，部分地方院校几乎全部教师都已具备基础的教师智慧教学素养，部分地方院校大部分教师能够具备基础的教师智慧教学素养，但也有少部分地方院校超过半数的教师都不具备基础的教师智慧教学素养。

二　学生智慧学习素养

2020 年新冠疫情期间，吉林省全部 37 所本科院校的在校学生参与智慧教学改革的人数超过 43 万，占吉林省本科院校全体在校学生人数的

88.45%（见图 6-6），可以说吉林省本科院校近九成的学生在彼时就具备了基础的智慧学习素养，且这些学生的分布较为平均，全部 35 所吉林省地方本科院校的学生智慧学习参与率均不低于 76%，其中半数以上的吉林省地方本科院校的学生智慧学习参与率高于 90%。对相关学生智慧学习的自我评价调查显示，与智慧学习理念、智慧学习目标、智慧学习方法、智慧学习评价、智慧学习内容以及智慧学习支持等方面相比，学生对智慧学习投入的评价较低，对智慧学习效果、智慧学习意愿以及智慧学习素养的评价显著偏低（见图 6-6），可能是因为大多数学生初次接触智慧教学改革，对智慧教学模式尚未习惯，在传统教学模式的深刻影响下没有能够在短时间内培养出与智慧教学相适应的智慧学习能力与智慧学习水平，故心理上有些许畏难情绪，也就是说大多数学生的智慧学习素养都存在巨大的提升潜力。在新冠疫情发生之后，随着智慧教学的普及，吉林省各高校接续进行了更多学期的智慧教学改革实践，随着学生对智慧教学改革的熟悉，其智慧学习素养也得到了一定的提升，超过 70% 的学生对自己的智慧学习素养感到满意，超过 80% 的学生认为自己的智慧学习素养有了质的提升，超过 90% 的学生认为自己的智慧学习素养足以适应智慧教学改革在当前阶段的实践教学。与学生的智慧学习素养一同提升的还有学生对智慧教学改革的参与意愿，超过 85% 的学生表示愿意继续参与智慧教学改革并进行智慧学习。

总体来说，地方高校学生的智慧学习素养分布较为平均，虽然在新冠疫情发生初期碍于未能适应智慧教学改革，普遍呈现出了对智慧学习投入、智慧学习效果、智慧学习意愿以及智慧学习素养感到乏力的情况，但随着智慧教学的持续普及，地方高校的多数学生都实现了智慧学习素养与智慧教学改革参与意愿的双重提升。可以预见，在智慧教学改革深化推进的过程中，地方高校学生的智慧学习素养将在合理的培育方式下释放巨大的潜力。

□不具备基础智慧学习素养的学生（人）　■具备基础智慧学习素养的学生（人）
■自我评价均值

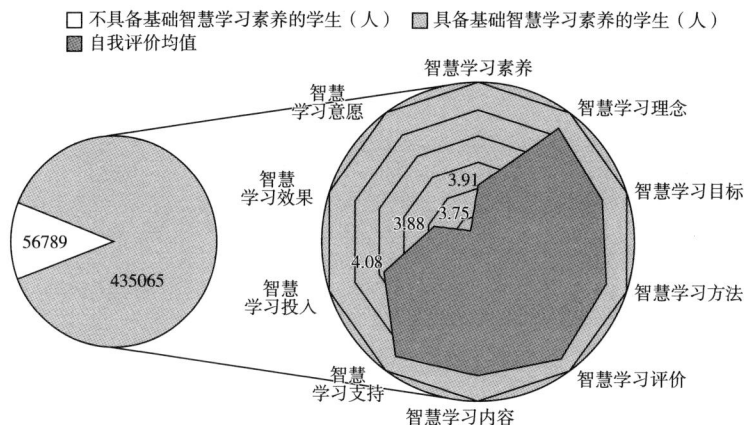

图 6-6　吉林省本科院校在校学生智慧学习自我评价

第四节　智慧教学资源建设情况

智慧教学资源的开发、建设与推广是智慧教学改革的重要一环，对智慧教学资源的合理利用不仅能将教师从低水平的重复工作中解放出来，使其有更多精力投入高水平的创造性工作，还有助于培养学生的自主学习能力[174-176]，同时智慧教学资源内嵌的智慧教学功能还能够为师生创造一个高度智慧化的学习生态[177]。2017 年，教育部颁布了《教育部关于数字教育资源公共服务体系建设与应用的指导意见》，明确了智慧教学资源建设的相关规范，为地方高校智慧教学资源建设工作的进一步发展提供了助力。

一　智慧教学资源开发

2020 年新冠疫情发生初期，教育部汇总了全国 2.4 万余门课程的智慧教学资源，为"停课不停教、停课不停学"的顺利落实做好了重要的教学资源保障工作①。在全国陆续恢复正常的生产生活秩序之后，碍于疫情防控常态化的现实发展情况，智慧教学资源作为线上教学的重要支撑一直受到大量的关注。经过对智慧树、学银在线、学堂在线以及中国大学 MOOC 这四大智慧教学资源平台的全面统计，截至 2022 年 4 月，吉林省全部 66 所高校中有 52 所已开发了不同数量的智慧教学资源（见图 6-7、图 6-8），吉林省高校整体的智慧教学资源开发率近 80%。但是分布极为不均，呈现出本科院校智慧教学资源开发较多、专科院校智慧教学资源开发较少，公办院校智慧教学资源开发较多、民办院校智慧教学资源开发较少的状态，其中

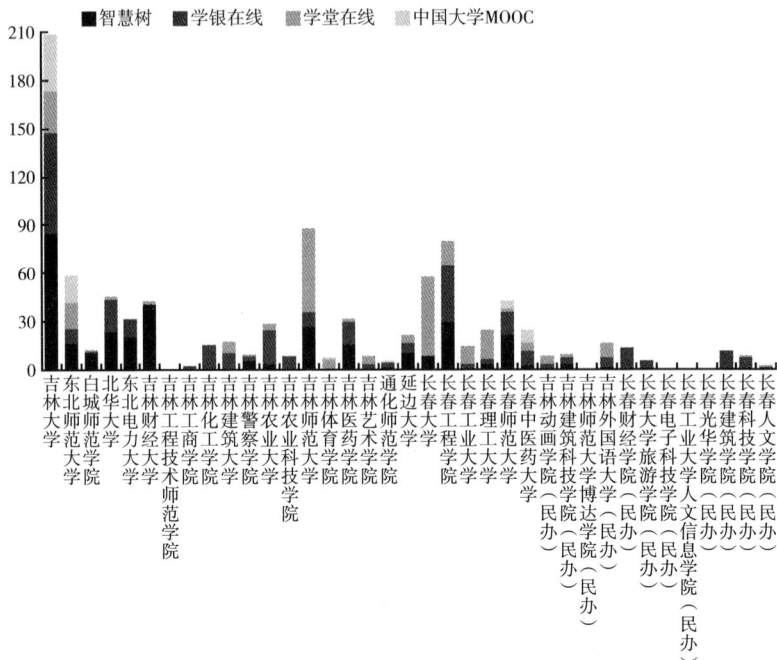

图 6-7　吉林省本科院校四大平台智慧教学资源开发数量

---

① 中华人民共和国教育部：《教育部应对新型冠状病毒感染肺炎疫情工作领导小组办公室关于在疫情防控期间做好普通高等学校在线教学组织与管理工作的指导意见》，2020 年 2 月 4 日，http：//www.moe.gov.cn/srcsite/A08/s7056/202002/t20200205_ 418138.html。

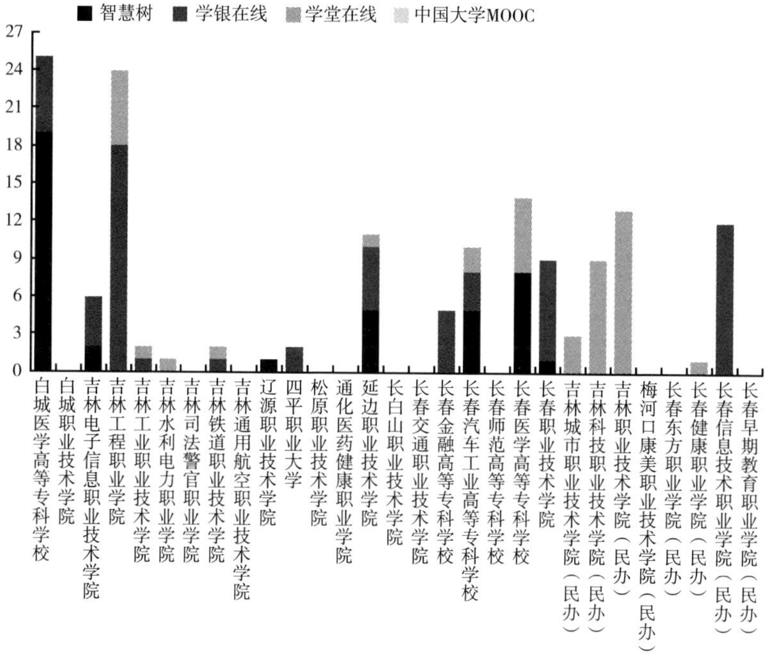

图 6-8　吉林省专科院校四大平台智慧教学资源开发数量

吉林省公办本科院校的智慧教学资源开发率达 100%，吉林省公办专科院校的智慧教学资源开发率不足 80%，吉林省民办本科院校与民办专科院校的智慧教学资源开发率均不足 70%（见图 6-9）。

与吉林省高校智慧教学资源的开发率呈现出极为不均的分布状态相同，吉林省高校智慧教学资源的开发数量也呈现极为不均的分布状态，吉林省全部 66 所高校共开发智慧教学资源 1000 余门，其中吉林大学开发智慧教学资源 200 余门、东北师范大学开发智慧教学资源近 100 门，远超吉林省高校智慧教学资源开发数量的均值，其他 35 所吉林省地方本科院校共开发智慧教学资源 700 余门，而 29 所吉林省地方专科院校开发智慧教学资源的总量尚不足 200 门。具体来看，吉林省地方高校的智慧教学资源开发数量均值较吉林省高

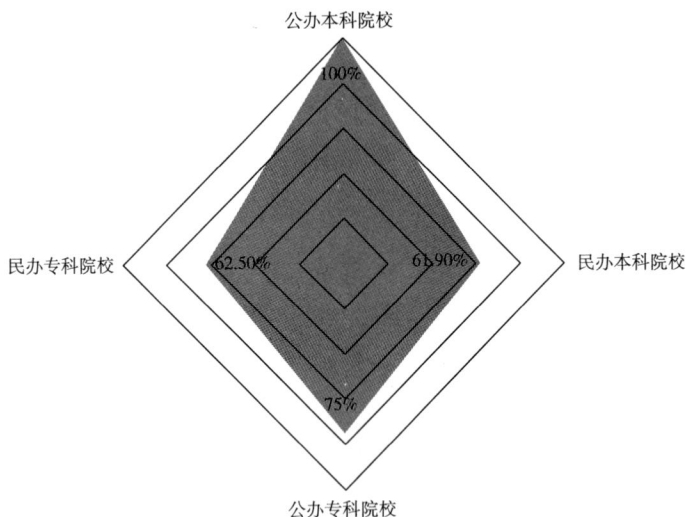

图6-9 吉林省各类高校的智慧教学资源开发率比较

校的智慧教学资源开发数量均值少近4门课程，吉林省中央部署高校与吉林省地方民办专科院校的智慧教学资源开发数量均值差距最大，差值近130门课程（见图6-10）。此外，在对四大智慧教学资源平台的全面统计中发现，同一教师团队在不同智慧教学资源平台上开发高度同质化智慧教学资源的现象时有发生，有的教师团队甚至在3~4个智慧教学资源平台上都开发了极为相似的智慧教学资源，此举不仅浪费智慧教学资源开发的人力与物力，还为后续智慧教学资源的维护与管理以及其他师生对智慧教学资源的选取与利用带来了极大的不便。

总体来看，大部分地方高校均已开发了不同数量的智慧教学资源，但存在与智慧教学硬环境类似的问题，一是不同办学层次的高等院校间差距显著，表现为本科地方院校的智慧教学资源开发率以及开发数量明显优于专科地方院校；二是不同办学主体的高等院校间差距显著，表现为公办地方院校的智慧教学资源开发率以及开发

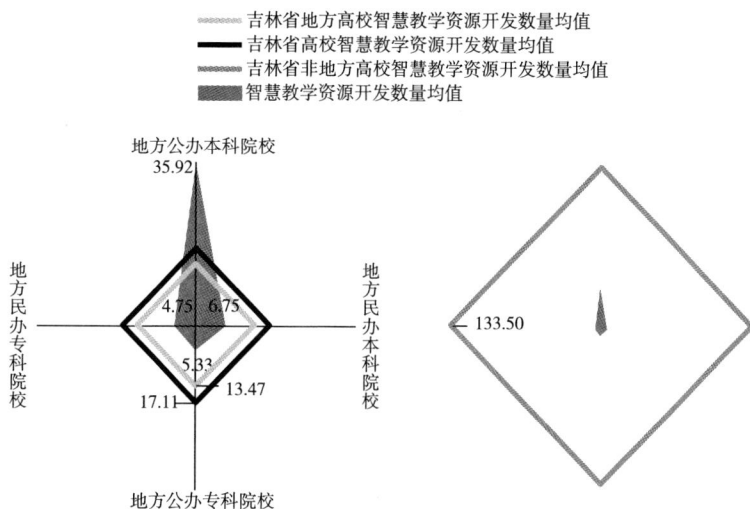

图 6-10 吉林省各类高校的智慧教学资源开发数量均值比较

数量远远领先于民办地方院校;三是已开发智慧教学资源的地方院校间差距显著,表现为少数地方高校的智慧教学资源开发数量赶超部分中央部署高校,多数地方高校的智慧教学资源开发数量仍低于地方高校智慧教学开发数量均值。除此之外,还存在一些具有特性的问题,一是地方院校的智慧教学资源开发数量均值远低于中央部署高校的智慧教学资源开发数量均值;二是存在高度同质化智慧教学资源多平台重复开发的现象。

二 智慧教学资源应用

为促进教师对智慧教学资源的应用效率,吉林省自 2018 年起组织了省级精品在线开放课程的遴选与认定工作,其中 2018 年度认定吉林省省级本科精品在线开放课程 84 门,2019 年度认定吉林省省级本科精品在线开放课程 150 门、省级专科精品在线开放课程 30 门,2020 年度认定吉林省省级本科精品在线开放课程 153 门、吉林省省级专科精品在线开放课程 65 门①。2022 年 3 月，吉林省高校教师教学发展联盟进一步整合了吉林省的智慧教学资源并形成了"吉林省高等教育线上教学资源包"，供吉林省教师更方便地选择并应用吉林省的智慧教学资源②。此外，智慧教学资源平台智慧树在2022 年 3 月推出了吉林省精品线上共享课程资源包，涵盖了吉林省 31 所高校开发的 325 门课程的智慧教学资源。调查显示，吉林省高校教师中 41.16% 选择应用的智慧教学资源"以自建资源为主，以外部资源为辅"，33.47% 选择应用的智慧教学资源"全部为本人或本人所在课程组的自建资源"，16.01% 选择应用的智慧教学资源"以外部资源为主，以自建资源为辅"，9.36% 选择应用的智慧教学资源"全部为外部资源"（见图 6-11）③。同时超过80% 的被调查学生表示教师选取的智慧教学资源能够有效调动其学习兴趣，超过 90% 的被调查学生表示认可教师对智慧教学资源的选取。

总体来看，智慧教学资源在应用的过程中已由相关部门以及相关企业做出了一定程度上的筛选评级与整理汇总，方便了高校教师的选取与应用，同时也获得了参与智慧教学的学生的认可。但是，根据数据分析结果可以看出在拥有自建智慧教学资源的教师中，接近 40% 的教师不会尝试选取外部智慧教学资源作为辅助，此举在一定程度上降低了智慧教学资源的流动性，削弱了智慧教学资源的价值。

① 吉林省教育厅：《关于 2018 年吉林省精品在线开放课程认定结果的公示》《关于2019 年吉林省精品在线开放课程认定结果的公示》《关于 2020 年吉林省精品在线开放课程认定结果的公示》。
② 《吉林省高等教育线上教学资源包》，吉林省高校教师教学发展联盟，2022 年 3 月30 日，http：//www.jljflm.com/pubcontent/info？id=253。
③ 数据来源于《吉林省本科高校 2020 年春季学期在线教学质量调查分析报告》，笔者整理分析。

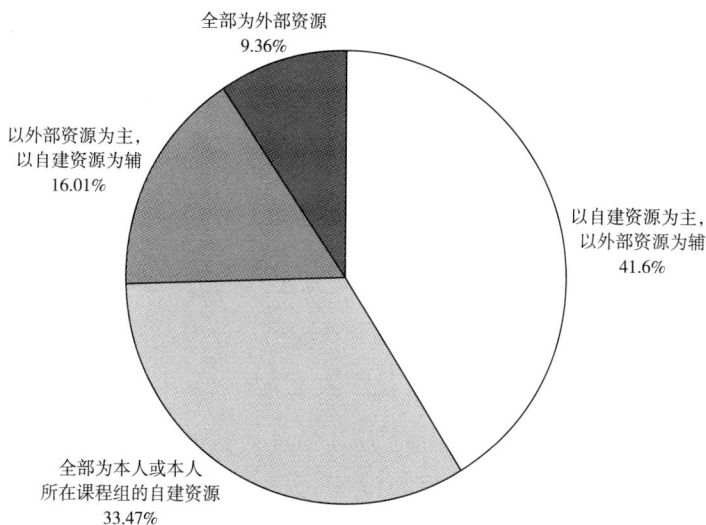

图 6-11 吉林省高校教师智慧教学资源应用选择情况

第五节 智慧教学范式实践效果

智慧教学改革是建立在理论与实践的双重发展基础上的，没有理论支撑的智慧教学改革是一段枯渠，空有发展之理想，没有发展之核心；没有实践佐证的智慧教学改革是一潭死水，仅具发展之源头，不具发展之道路。智慧教学改革从教育理论中来，有完整的理论基础，但是智慧教学改革的推进绝不能只停留在概念上，必须要有扎实的智慧教学范式实践效果作为后续理论发展的客观依据与现实施行的前期根基。

一 智慧教学范式择优

在智慧教学改革的实践初期，只有少数教学改革排头兵有进行智慧教学改革的意愿与能力，此时对进行智慧教学改革实践的教师及其课程进行范式择优是向其他教师推广智慧教学改革的重要手段之一。

2019 年 5 月，吉林省教育厅以及吉林省总工会共同主办了"首届吉林省本科高校智慧课堂教学创新大赛"，比赛全程历时 7 个月，覆盖了吉林省内的全部 37 所本科院校，总决赛采用网络直播的形式进行，全网共有超过 20 万人次观看了参与总决赛的吉林省优秀智慧教学范式案例，大赛在有效推广吉林省优秀智慧教学范式案例的基础上带动了吉林省智慧教学改革的发展浪潮，圆满实现了"创智慧课堂"的办赛主题。在吉林省首届智慧教学比赛中，经历初赛、复赛、总决赛的三轮激烈角逐后共评选出省级智慧教学一等奖 34 名、省级智慧教学二等奖 64 名以及省级智慧教学三等奖 98 名，其中吉林省地方本科院校获评省级智慧教学一等奖 20 名、省级智慧教学二等奖 48 名以及省级智慧教学三等奖 79 名（见图 6-12）。吉林省地方本科院校占吉林省本科院校的 94.59%，但是吉林省地方本科院校的省级智慧教学一等奖、省级智慧教学二等奖以及省级智慧教学三等奖分别只占 58.82%、75.00% 以及 80.61%，很明显，吉林省地方本科院校的优秀智慧教学范式案例整体占比偏低，尤其是优中取优的一等奖占比更低，这说明吉林省地方本科院校的智慧教学改革存在较大的发展空间，既需要在实践范围上下功夫也需要在实践创新上下功夫。

2022 年 1 月，"第二届吉林省本科高校智慧课堂教学创新大赛"决赛的顺利举办再次为吉林省的智慧教学改革实践发展带来了大量的关注，此次比赛共评选出省级智慧教学一等奖 53 名、省级智慧教学二等奖 87 名以及省级智慧教学三等奖 123 名，其中吉林省地方本科院校获评省级智慧教学一等奖 36 名、省级智慧教学二等奖 67 名以及省级智慧教学三等奖 105 名（见图 6-12），分别占比 67.92%、

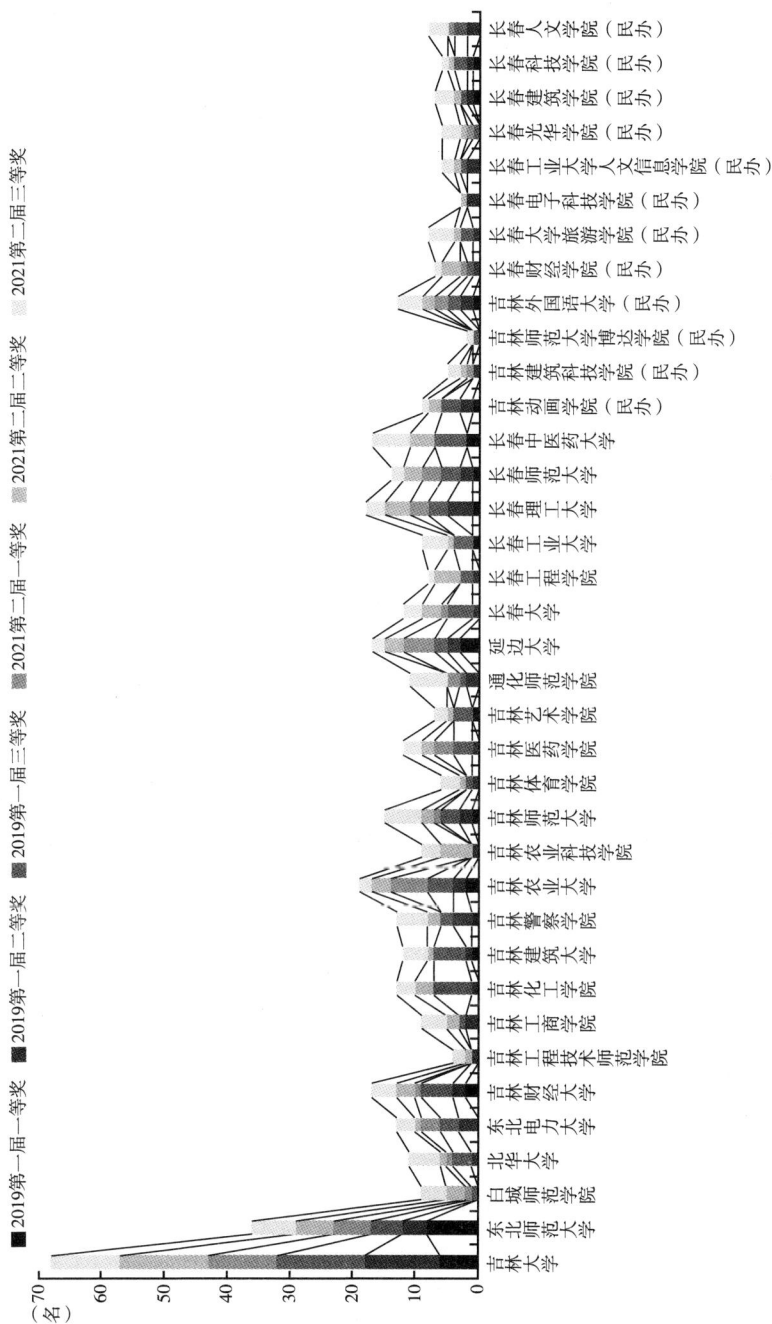

图6-12 第一、二届"吉林省本科高校智慧课堂教学创新大赛"各院校获奖数量情况

77.01%以及85.37%，较吉林省首届智慧教学大赛相比分别上涨了约9个、2个以及5个百分点。

总体来说，与中央部署高校相比，地方高校优秀的智慧教学范式案例较少，优中取优的、具有突出引领作用的智慧教学范式案例占比更低。但是随着智慧教学改革的发展，地方高校优秀的智慧教学范式案例数量与水平均呈现了强势的上扬趋势，这一方面显示出了地方本科院校在智慧教学改革方面的决心，另一方面也侧面证明了智慧教学改革对于非头部高校来说是在教学质量方面实现弯道超车的重要风口，对智慧教学改革的持续深耕有助于地方高校在教育信息化新时代中抢占有利位置。

二　智慧教学范式推行

在智慧教学主体、智慧教学环境、智慧教学素养以及智慧教学资源都有了相应的保障后，赶乘着智慧教学范式择优的东风，智慧教学范式推行随之自然生发。对智慧教学范式推行效果中的智慧教学改革目标方面的调查数据显示，吉林省高校教师在进行智慧教学改革的目标设计与实践过程中对学生的智慧学习素养考虑最为充分，但是对课程思政以及高阶能力培育的考虑相对欠缺，其中认为自己满足"充分考虑了课程思政"这一说法的参与调查的吉林省高校教师人数比例以及相关教师在该项上对自己的打分均较低，说明部分吉林省高校教师在智慧教学改革的目标设计与实践过程中未能充分地考虑课程思政，其自身的课程思政意识亟待加强（见图6-13）。

对智慧教学范式推行效果中的智慧教学改革方法方面的调查数据显示，吉林省高校教师在进行智慧教学改革的方法设计与实践过程中对个性化、及时性与明确性的考虑最为充分，但是对高阶性、

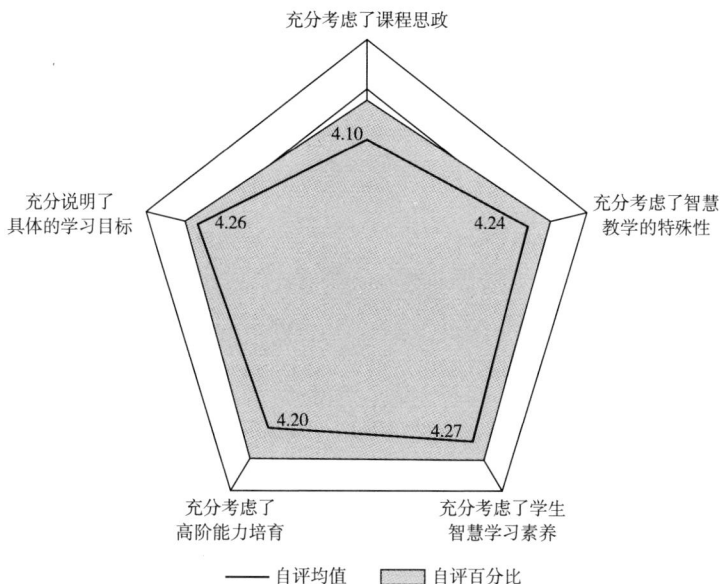

充分考虑了课程思政

4.10

充分考虑了智慧
教学的特殊性

4.24

充分说明了
具体的学习目标

4.26

充分考虑了
高阶能力培育

4.20

充分考虑了学生
智慧学习素养

4.27

—— 自评均值　　▨ 自评百分比

图 6-13　吉林省高校教师智慧教学范式推行效果自评——智慧教学改革目标

丰富性、层次性以及交互性的考虑相对欠缺，其中高阶性与丰富性的自评百分比虽然与其他项差别不大，但是自评均值明显较低，这说明部分吉林省高校教师在智慧教学改革的方法设计阶段有考虑到高阶性与丰富性，但其在智慧教学改革的实践过程中的效果还有待提升（见图6-14）。

对智慧教学范式推行效果中的智慧教学改革内容方面的调查数据显示，吉林省高校教师在进行智慧教学改革的内容设计与实践过程中对充分支撑教学目标、充分把握课程重点以及充分解析学科内涵的考虑最为充分，但是对充分融入课程思政的考虑相对欠缺，这一结论与智慧教学改革目标部分的数据结论一致，再次证明了部分吉林省高校教师在智慧教学改革的实践过程中对课程思政方面有所忽视（见图6-15）。

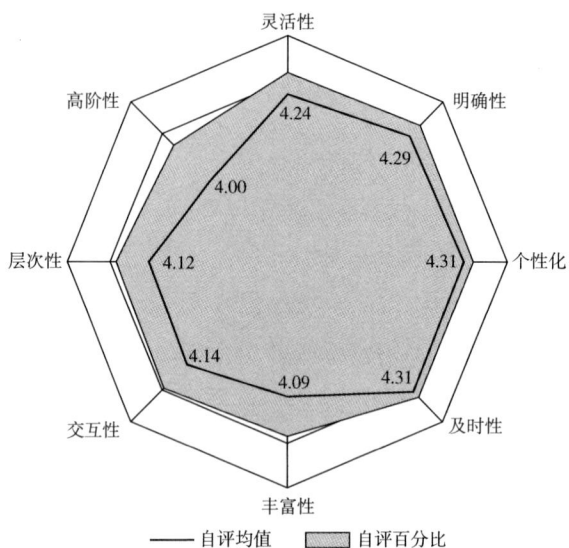

图 6-14　吉林省高校教师智慧教学范式推行效果自评——智慧教学改革方法

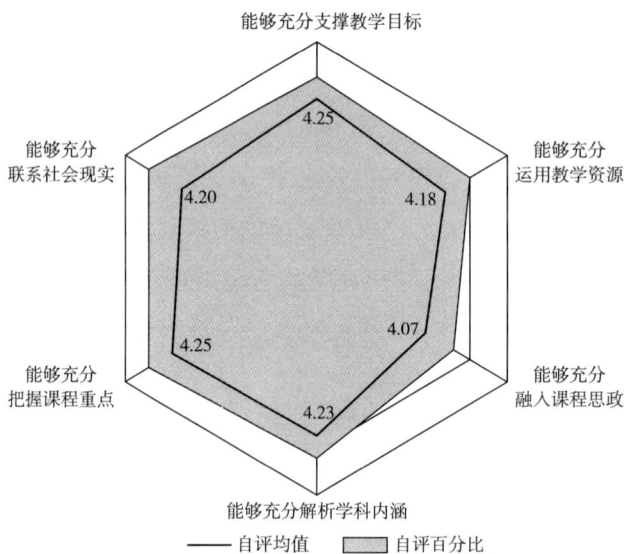

图 6-15　吉林省高校教师智慧教学范式推行效果自评——智慧教学改革内容

对智慧教学范式推行效果中的智慧教学改革评价方面的调查数据显示，吉林省高校教师在进行智慧教学改革的评价设计与实践过程中对高阶能力、反思调整以及动态调控的考虑最为充分，但对多元主体的考虑明显欠缺，且其自评百分比与自评均值相差较大，说明部分吉林省高校教师在智慧教学改革的评价设计阶段有考虑到多元主体的重要性，但在智慧教学改革的实践过程中未能充分实现设计初衷，仍需在后续实践中进一步探索更加有效的实现路径（见图6-16）。

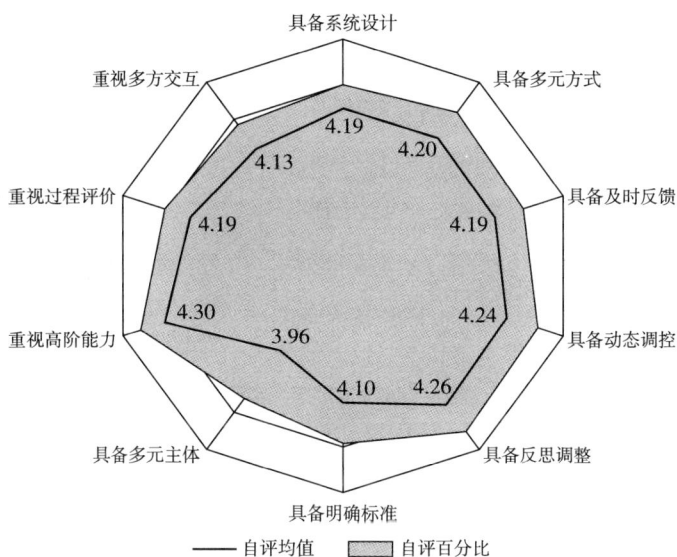

图 6-16　吉林省高校教师智慧教学范式推行效果自评——智慧教学改革评价

总体来看，在智慧教学范式推行过程中，地方高校教师的智慧教学改革实践存在一定的短板，例如没有在智慧教学改革的过程中有效融合课程思政、没有在智慧教学改革的过程中贯彻高阶性、没有在智慧教学改革的过程中充分考虑评价主体的多元性，这些都是智慧教学改革实践未来的提升方向。

第七章
地方高校智慧教学改革的推进路径

第一节 智慧教学环境改革路径

一 打造全面支撑、平衡发展的智慧教学硬环境

（一）推动校园网络升级

校园网络升级主要包括网络速度升级以及网络范围升级两个方面。首先是网络速度升级，即推动地方高校校园网络迈进 5G 时代，实现校园网络的全面增速，保障师生在教学过程中的实时同步互动参与没有网络速度阻碍。其次是网络范围升级，即推动地方高校校园网络无死角式发展，实现校园网络的全域畅通，保障学生在学校中的任意地点都有进行碎片化学习的网络条件。推进校园网络升级这一举措可以由各省教育厅（或直辖市教委）牵头组织，汇总区域内各高校的校园网络升级实际需求，统一招标、统一采购、统一维护，降低区域内各高校校园网络升级的时间成本与资金成本，以最高的性价比实现地方高校的校园网络全面升级。

（二）加快智慧教室建设

加快智慧教室建设可以分政府统一招标、制定扶持政策以及配

套考评机制三步走。第一步是政府统一招标，对于智慧教室总控室、智慧教室硬件设施、智慧教室管理系统以及智慧教室后期运维等智慧教室建设内容以省级行政单位为整体统一招标、统一采购，以区域内全部地方高校对智慧教室需求的巨大体量保障议价能力，代替各地方高校在智慧教室建设方面单打独斗。第二步是制定扶持政策，根据区域内各地方高校智慧教学发展长期目标的适切度、短期规划的详尽度、现有成果的丰富度以及自有资金的充裕度，省级相关部门综合判定给予各地方高校相应的智慧教室建设扶持资金，降低地方高校间智慧教室建设水平的绝对差距。第三步是配套考评机制，将智慧教室建设水平与区域内各地方高校在省级行政单位内部的相关评比与扶持挂钩，以此敦促地方高校，尤其是民办地方高校的智慧教室建设。

（三）保障配套设备供应

配套设备主要指教师用于直播的外接设备以及学生用于学习的备用设备。碍于新冠疫情这一现实因素，很多时候教师只能采用线上视频课程+线上翻转课堂的授课模式，为保证线上翻转课堂也能有效实现智慧教学的教学要求，摄像头、手写板、收声设备等外接设备已经成为教师进行线上翻转课堂教学时的必备品，各地方高校可以考虑以统一采购的方式为进行智慧教学改革的教师配备相关的外接设备，提高教师进行智慧教学改革的积极性与实效性。同时，各地方高校需要配备少量的智能手机以及笔记本电脑作为备用设备，并制定明确且公开的租用或借用规章，确保能够在学生设备出现意外情况时及时提供相应的备用设备，以人性化制度助力信息化改革。

二 构建体系精简、灵活易用的智慧教学软环境

（一）推行较大规模平台

各省教育厅（或直辖市教委）调研并汇总目前区域内各高校正

在使用的智慧教学平台以及智慧教学辅助软件，综合考虑以上智慧教学平台以及智慧教学辅助软件的受众接受情况、功能实现情况、使用便捷情况以及运营维护情况等方面后，将满足受众接受度高、功能实现度全、使用便捷性强以及运营维护度好的智慧教学平台与智慧教学辅助软件纳入"省级优质智慧教学平台与优质智慧教学辅助软件综合推荐库"，加大对综合推荐库内的智慧教学平台与智慧教学辅助软件的推广与培训力度，力争以精简、集中、不重复的库内智慧教学平台与智慧教学辅助软件范围实现对灵活、全面、不繁杂的智慧教学软环境的打造。

（二）贯通顶层设计连接

各地方高校要在自主系统内做好与"省级优质智慧教学平台与优质智慧教学辅助软件综合推荐库"中的智慧教学平台以及智慧教学辅助软件之间的顶层设计连接，实现自主系统与其他系统的数据融通[178]，例如可以认证并关联学生 ID 与其他智慧教学平台以及智慧教学辅助软件上的账号，实现将选课学生自动导入相应的智慧教学平台上的对应课程以及智慧教学辅助软件上的对应班级并向学生推送，实现将智慧教学平台上的学生的学习偏好以及学习结果自动导入教务管理系统或智慧校园系统，实现将智慧教学辅助软件上学生的互动行为以及参与情况自动导入教务管理系统或智慧校园系统。

第二节　智慧教学素养改革路径

一　强化理路清晰、能力全面的教师智慧教学素养

（一）确保意识高度认同

若想确保教师意识高度认同智慧教学改革，既要明确高校智慧

教学发展导向也要明确教师智慧教学发展前景。明确地方高校智慧教学发展导向这一方面可以考虑从省级职称评聘文件、人才称号认定文件以及人才补贴发放文件等相关人才政策文件入手，在相关人才政策文件中对智慧教学改革成果给予一定的侧重，为各地方高校释放大力发展智慧教学的信号，由此便可撬动各地方高校设置发展智慧教学的具体目标并制定相关配套政策。明确教师智慧教学发展前景是在明确地方高校智慧教学发展导向的前提下实现的，当教师职业发展的相关政策对智慧教学改革有了一定的侧重之后，教师对职业发展的探索就一定离不开对智慧教学改革的高度认同。

（二）传递先进理念认知

传递先进理念认知一方面是要吸收先进理念认知，另一方面是要创新先进理念认知。吸收先进理念认知这方面，可以由省教育厅（或直辖市教委）的相关办公室牵头，定期邀请全国范围内的智慧教学改革领域领头专家进行线上讲座，争取形成常态化的"智慧教学改革前沿理论百家讲坛"，尤以高频、短时为佳，高频可保证对前沿理论的及时传递、短时可保证对前沿理论的高效传递，同时线上的讲座形式能够辐射到区域内全部高校，以集中的资源实现最大化的成效。创新先进理念认知这方面，可以设置省级专项教研基金，以省级项目的荣誉奖励代替资金奖励，鼓励地方高校教师积极进行智慧教学改革方面的理论研究，以不问财政伸手的方式实现对创新智慧教学改革先进理念的推动。

（三）提高深入实践能力

开展省级智慧教学比赛并辅以网络直播能够有效增加智慧教学改革的影响力，但是可以考虑不再局限于单独的智慧教学平台或智慧教学辅助软件资方的支持，而是争取由"省级优质智慧教学平台与优质智慧教学辅助软件综合推荐库"内的所有智慧教学平台以及智慧教学辅助软件联合支持，以避免对使用非资方智慧教学平台或智慧教学辅助软件的教师的轻视与打击。此外，可以将获奖的课程汇编为"省级智慧教学改革优秀实践案例库"以供其他教师观摩学习，还可以将获奖的教师选入"省级智慧教学改革人才库"并重点培育，在打造一批拥有卓越智慧教学改革实践能力的教师的同时还能够起到以点带面的高层次引领作用。

二 培育持续拓展、向上兼容的学生智慧学习素养

（一）设置新生专项教育

考虑到智慧教学改革的发展趋势，日后智慧学习素养将成为高层次人才的必备素养，因此可以考虑在各地方高校大一新生入校时设置与军事理论课形式类似的智慧学习素养课。通过短期的集中课程让学生认识到智慧教学改革的发展趋势并认同智慧教学改革的重要意义，帮助学生了解智慧教学的授课模式以及学习方式，同时培训学生使用智慧教学平台以及智慧教学辅助软件的具体功能，并进一步地强化学生自主规划时间、自主搜索信息以及团队协作等智慧学习的必要能力。

（二）提供学年强化培训

各地方高校应提供专科系列或本科系列的智慧学习素养学年强化培训视频课程，让学生的智慧学习从有效果向有效率逐步推进。各地方高校应根据每学年对学生智慧学习素养须达到的具体层次的要求设置相应程度的课程视频，确保每学年的智慧教学素养强化培训视频课程的内容涵盖范围足够充分、足够灵活，学生可自行选取所需专题进行学习。同时应保证课程的上限有适当的拔高内容，给予学生一定的向上选择空间。

第三节　智慧教学模式改革路径

一　试行可用性强、落地度高的智慧教学改革模型

（一）组织专家主题研讨

由省教育厅（或直辖市教委）牵头，组织区域内高校的相关领导、领域内专家以及教改带头教师参与"'3P'交互啮合式智慧教学改革模型研讨会"。该研讨会可以考虑分为本科高校分会场以及专科高校分会场，讨论"3P"交互啮合式智慧教学改革模型的科学性、合理性以及对于本科院校与专科院校的适切性，全面听取与会人员的意见与建议，对"3P"交互啮合式智慧教学改革模型的关键点进行微调，直至修订后的模型得到与会人员的一致认可。

（二）举办系列主题讲座

由各高校自行组织"'3P'交互啮合式智慧教学改革模型"主题讲座，由"'3P'交互啮合式智慧教学改革模型研讨会"的与会人员主讲，向各高校的一线教师传递智慧教学改革精神以及"3P"交互啮合式智慧教学改革模型。重点鼓励有智慧教学改革经验或有智慧教学改革意愿的中青年教师参与讲座并积极开展智慧教学改革实践。

（三）选取模型实践试点

设置省级智慧教学改革课程建设项目专项基金，各高校教师以自主自愿原则申报该项目，省级行政单位内统一评选智慧教学改革课程建设项目试点以试行"3P"交互啮合式智慧教学改革模型，评选过程可以秉持有智慧教学改革经验的教师优先、有自建智慧教学资源的教师优先、主讲课程属于应用学科的教师优先以及青年教师

优先的原则。项目立项后，要严格进行中期审核以及结项审核，对于中期审核或结项审核不合格的项目限期整改，整改后仍不合格的项目坚决清退，要保证智慧教学改革课程建设项目的实践质量。

二 推广全学科向、细节度高的智慧教学改革模型

（一）组织专业实践交流

由负责省级智慧教学改革课程建设项目专项基金的相关办公室牵头组织"'3P'交互啮合式智慧教学改革模型实践交流会"，邀请主持省级智慧教学改革课程建设项目的教师、参与该项目的教师以及欲申报该项目的教师参加其应属的本科分会场或专科分会场，交流会的主要目的之一是请结项成果优异的智慧教学改革课程建设项目负责人分享其应用"3P"交互啮合式智慧教学改革模型进行智慧教学改革的实践经验，主要目的之二是讲解项目申报的相关问题。

（二）完善全科建设节点

由负责省级智慧教学改革课程建设项目专项基金的相关办公室牵头组织小范围的"'3P'交互啮合式智慧教学改革模型关键点完善主题论坛"。论坛分别设置包括本科 13 个学科门类以及专科 19 个学科门类的共计 32 个分论坛[1][2]，每个分论坛邀请该学科门类的省级智慧教学改革课程建设项目负责人参加，共同商讨各学科门类的"3P"交互啮合式智慧教学改革模型具体关键点。可根据论坛的讨论结果析出《"3P"交互啮合式智慧教学改革模型应用指南》，指南

---

[1] 中华人民共和国教育部：《关于公布 2021 年度普通高等学校本科专业备案和审批结果的通知》，2022 年 2 月 22 日，http：//www.moe.gov.cn/srcsite/A08/moe_ 1034/s4930/202202/t20220224_ 602135.html。

[2] 中华人民共和国教育部：《关于印发〈普通高等学校高等职业教育（专科）专业设置管理办法〉和〈普通高等学校高等职业教育（专科）专业目录（2015 年）〉的通知》，2015 年 10 月 28 日，http：//www.moe.gov.cn/srcsite/A07/moe_ 953/201511/t20151105_ 217877.html。

包含"3P"交互啮合式智慧教学改革模型的内核、各学科门类的智慧教学改革建设关键点以及各学科门类的智慧教学改革优秀实践案例。

（三）推行智慧教学改革模型

由负责省级智慧教学改革课程建设项目专项基金的相关办公室向区域内各高校下发《"3P"交互啮合式智慧教学改革模型应用指南》并举办相关讲座培训，在设置讲座培训内容时应注意全面考虑本科与专科不同层次、不同专业门类以及入门与深入不同智慧教学改革进程等侧重点的差异。同时组织开展省级智慧教学改革课程建设项目专项基金的申报，严格进行中期审核与结项审核，同时对结项成果进行评级，并将各地方高校的项目获批人数与结项成果优秀人数关联该项目后续的名额发放情况。此外，须及时将每批智慧教学改革课程建设项目的优秀成果更新至新版次的《"3P"交互啮合式智慧教学改革模型应用指南》中。

第四节　智慧教学评价改革路径

一　细化实效性强、针对度高的智慧教学评价体系

（一）评价课程建设项目

由负责省级智慧教学改革课程建设项目专项基金的相关办公室选取"省级智库教学改革人才库"内教师等了解智慧教学改革先进理论、有智慧教学改革实践经验与实践成果的领域内带头教师组成"省级智慧教学改革评价专家库"，库内专家 3~5 人组成一个"智慧教学改革评价专家小组"，采用 IE-CES 智慧教学改革效果评价指标体系对智慧教学改革课程建设项目进行跟踪评价，每项智慧教学改

革课程建设项目的听课时间不少于该门课程一学期课时的 1/3，且听课时间随机抽取，不提前通知。待第一批智慧教学改革课程建设项目结项后，对比其结项评级与 IE-CES 智慧教学改革效果评价指标体系追踪评价结果，筛选奇异值，由专家小组进一步分析奇异值的产生原因。

（二）调整评价体系内容

由负责省级智慧教学改革课程建设项目专项基金的相关办公室牵头组织"IE-CES 智慧教学改革效果评价指标体系迭代论坛"，"省级智慧教学改革评价专家库"内专家全员参加，论坛第一部分内容是由各专家小组汇报其分析的奇异值产生原因，论坛第二部分内容是根据奇异值产生原因的分析结果提出 IE-CES 智慧教学改革效果评价指标体系的修正意见与建议，如有必要可将 IE-CES 智慧教学改革效果评价指标体系进行各专业门类方向上的调整与细化。可根据论坛的讨论结果析出《IE-CES 智慧教学改革效果评价指标体系应用指南》，指南包含 IE-CES 智慧教学改革效果评价指标体系的设计理念、各学科门类的 IE-CES 智慧教学改革效果评价指标体系具体内容以及智慧教学改革优秀实践案例。也可考虑将《"3P"交互啮合式智慧教学改革模型应用指南》与《IE-CES 智慧教学改革效果评价指标体系应用指南》合并为《智慧教学改革指南："3P"交互啮合式模型与 IE-CES 评价指标体系》。

二　倒逼方向明确、评价科学的智慧教学实践修正

（一）宣传评价指标体系

由负责省级智慧教学改革课程建设项目专项基金的相关办公室向区域内各高校下发《IE-CES 智慧教学改革效果评价指标体系应用指南》并举办相关讲座培训，在设置讲座培训内容时应注意全面考

虑本科与专科不同层次、不同专业门类以及入门与深入不同智慧教学改革进程等侧重点的差异。鼓励各高校教师对照《IE-CES 智慧教学改革效果评价指标体系应用指南》对自己主讲的课程进行自查自改，同时建议各高校以院系为单位组织"展课磨课"活动，帮助教师在互相观摩、共同讨论的过程中获得智慧教学改革、智慧教学改革评价以及智慧教学改革实践修正的知识与经验。

（二）应用评价指标体系

在省级智慧教学改革课程建设项目的结项评级中加入根据 IE-CES 智慧教学改革效果评价指标体系进行的追踪评价结果，对考核结果为不合格的项目限期整改，整改后仍不合格的项目坚决清退。同时省级行政单位内智慧教学改革相关的比赛评选或项目申报均可以考虑加入根据 IE-CES 智慧教学改革效果评价指标体系进行的追踪评价结果，通过对 IE-CES 智慧教学改革效果评价指标体系的广泛应用扩大其影响力，倒逼高校教师进行智慧教学改革实践的定向高效整改。

第五节　智慧教学资源改革路径

一　开发质量上乘、形式复合的智慧教学资源

（一）制作内容精良资源

设置省级精品智慧教学资源建设项目，且项目申报书要求尽量详尽，省级行政单位内统一评选省级精品智慧教学资源建设项目名单，不单独设置各高校自行审核上报环节，避免产生因职称与资历卡脖子的现象，保证评选环节的公平公正，保证项目只为优质的智慧教学资源服务。项目立项后，要严格进行中期审核与结项审核，

对于中期审核或结项审核不合格的项目限期整改，整改后仍不合格的项目坚决清退并追回配套资金，要保证省级精品智慧教学资源建设项目的智慧教学资源建设质量，力争建设多批兼具学科优势与地方特色的优质智慧教学资源。同时建立"省级智慧教学精品资源库"并及时汇总更新区域内高校教师建设的省级精品智慧教学资源以及国家级精品智慧教学资源，为库内资源提供准确的平台信息以方便其他高校教师的借鉴与学习。

（二）配套多元模态资源

已经获评国家级、省级或校级精品智慧教学资源（或"精品在线开放课程"等相关奖项）的主讲教师已被证明具有一定程度上的智慧教学资源开发能力，而开发多元模态的智慧教学资源有助于更高效、更深入、更灵活地开展智慧教学改革实践，因此对于已获评各级精品智慧教学资源的主讲教师给予支持以鼓励其开发更多形式的配套智慧教学资源是实现智慧教学资源体系升华的高效途径。例如，各地方高校可以鼓励已获评各级精品智慧教学资源的主讲教师开发配套的更简短的微课资源、更直观的数字教材资源、更无门槛的音频资源或者更垂直化的自媒体资源。同时，对于没有各级自建精品智慧教学资源的教师，各地方高校可以鼓励其应用各级精品智慧教学资源建设更具针对性的小规模、限制性SPOC资源，实现最大程度上的个性化化用优质智慧教学资源，从而达成对优质智慧教学资源的改造与增值。

（三）追踪远期深化建设

智慧教学资源的建设虽然是事半功倍的工作，但绝不是一劳永逸的工作，要想实现预期中的智慧教学资源高效助力智慧教学改革的目标还需要教师对学生的积极引导与及时反馈，也就是说智慧教学资源的应用既离不开智慧教学资源的开发也离不开智慧教学资源的运营。评选出各级精品智慧教学资源后应由各级相关主管部门追踪其远期建设情况，监督并敦促主讲教师对智慧教学资源进行积极运营，保障优质智慧教学资源的高效利用。此外，还应对各级精品智慧教学资源进行集中推广与流量倾斜，提高各级精品智慧教学资源的平均受众数量，形成优质资源—广泛受众—精细运营—持续再建设的良性循环，助力校级精品智慧教学资源向省级精品智慧教学资源发展、省级精品智慧教学资源向国家级精品智慧教学资源发展。

二　统筹水平较低、重复性高的智慧教学资源

（一）筛选低质重复资源

在开发优质智慧教学资源时同步统筹低质智慧教学资源才能保障高校智慧教学资源的水准，要由省级相关部门牵头尽快开始筛选低质重复智慧教学资源才能避免积重难返的情况发生。筛选低质重复智慧教学资源的原则以筛选原创度低的智慧教学资源、重复度高的智慧教学资源、针对性差的智慧教学资源、"两性一度"不足的智慧教学资源以及课程思政不到位的智慧教学资源为主，同时重点筛选建成多年但运行数据极少以及建成多年尚不属于任何级别的精品智慧教学资源的智慧教学资源。

（二）敦促分层整改进度

在筛选出低质重复智慧教学资源之后要由省级相关部门提供明确的分层整改政策，一方面要避免一刀切式的整改政策浪费已经付出的智慧教学资源建设时间与建设资金，另一方面要避免模糊的整改政策起不到应有的智慧教学资源整改提质效果。分层整改政策的第一步就是给筛选出的低质重复智慧教学资源分层，其中智慧教学资源质量极差的一类以及智慧教学资源重复度极高的一类直接下架，若有各级别的智慧教学资源建设基金支持务必追回资金；智慧教学

资源质量较差的一类以及智慧教学资源重复度较高的一类限期整改，且整改不能局限于整改智慧教学资源的运营内容，必须进行智慧教学资源的更新建设，未能在整改期限内达标的给予下架处理，若有各级别的智慧教学资源建设基金支持务必追回资金。将不能或不愿整改的低质重复智慧教学资源下架不仅能够提高智慧教学资源的平均水准，还能够将这部分低质重复智慧教学资源的流量有计划地集中在优质智慧教学资源身上，助力优质智慧教学资源的进一步发展。

第六节　智慧教学生态改革路径

一　合围数据融通、智能互联的智慧教学信息生态

（一）采集教师发展信息

为全面打造智慧教学信息生态，各地方高校可以在教务管理系统或者智慧校园系统中自主嵌入智慧教学平台，并在智慧教学平台中全面采集教师的智慧教学改革发展信息，确保掌握每位教师的智慧教学改革发展情况，定向帮助教师融入智慧教学生态。智慧教学系统采集的教师智慧教学改革发展信息包括但不限于教师参与智慧教学改革培训的情况、教师开发智慧教学资源的情况、教师自建智慧教学资源的使用情况、教师进行智慧教学改革实践的情况以及教师进行智慧教学改革实践的效果评价情况等方面，多角度的教师智慧教学改革发展信息可以建立完善的教师智慧教学改革档案，从而使各地方高校能够更有针对性地帮助教师进一步发展其智慧教学改革整体水平。

（二）共享校内学情信息

各地方高校在教务管理系统或者智慧校园系统中自主嵌入的智

慧教学平台上还可以加入学情信息互通功能，用以标记每个学生的个性化学习习惯、学习偏好、学习需求、学习基础以及个性特征等内容，以及每位教师的教学风格、教学要求和个性特征等内容。一方面，学情信息互通功能应该允许学生以及教师自行标记自己的个性化信息，这一功能既能为教师提供前期的学情分析基础，也能为学生提供前期的教师熟悉渠道。另一方面，学情信息互通功能还应该允许学生以及教师标记对方的个性化信息，同时保证学生标记的教师信息在学生端和教师端均匿名出现，教师标记的学生信息只在教师端匿名出现、不在学生端出现，这一功能既能为教师提供更深入地、更全面地、多视角地了解学生具体情况的可能性，也能为学生提供沟通真实想法并敦促教师自检自查自改的机会。

二　营建全时适用、动态调控的智慧教学服务生态

（一）保障常规智慧教学

智慧教学服务生态的整体目标是保障常规时期的"线上视频课程+线下翻转课堂"的通用形态"线上+线下"混合式智慧教学模式。常态化智慧教学改革的有序推进离不开政府把控、企业配合、高校主导以及教师实践这几个方面。其中政府把控主要是指省级政府应该进一步明确省级行政单位内智慧教学服务生态的规范，统筹领导企业、高校以及教师的智慧教学改革发展。企业配合主要是指企业应该在符合智慧教学服务生态规范的前提下提供不刻意增加应用壁垒的智慧教学改革建设与运维服务。高校主导主要是指各地方高校应以前瞻性的眼光设计规划本校的智慧教学改革发展道路，制定合乎自身发展愿景的本校智慧教学改革管理服务体系与本校教师智慧教学改革职业发展计划[178]。教师实践是指全部地方高校的全体

教师应该在分批分次的有序推进中全面实现智慧教学改革实践，争取不落一人、不落一课地迈入智慧教学改革新时代。

（二）备案疫情特殊形态

智慧教学服务生态的阶段目标是保障特殊时期的"线上视频课程+线上翻转课堂"的特殊形态"线上+线上"式智慧教学模式。特殊化智慧教学改革的有效实践主要依赖各地方高校的及时引领、智慧教学改革实践先头教师部队的能力辐射以及其他教师的观摩学习与探索尝试。其中地方高校的及时引领是指各地方高校需要在疫情等特殊时期制定明确的课程质量检查评估制度，保证能够全面掌握教师的线上授课情况，同时要及时开展符合本校教师需求的关于特殊形态"线上+线上"式智慧教学模式的讲座与培训。智慧教学改革实践先头教师部队的能力辐射是指各地方高校应以学院为单位组织具有智慧教学改革实践经验的教师分享其特殊形态"线上+线上"式智慧教学模式的经验与心得，将自身的智慧教学改革经验以能力传授的方式辐射给其他暂时没有智慧教学改革经验的教师。其他教师的观摩学习与探索尝试是指其他教师应该主动观摩并学习有智慧教学改革经验的教师的线上翻转课程，同时积极开展对特殊时期"线上+线上"式智慧教学模式的探索与尝试，并及时将实践效果与有智慧教学改革经验的教师进行沟通，从而完成对智慧教学改革实践的调整与修正。

参考文献

[1] 宋凌云、王嘉毅：《教育改革发展的新理念新思想新要求——学习习近平总书记关于教育工作的重要论述》，《教育研究》2017年第2期，第4~11页。

[2] 曹晓明：《"智能+"校园：教育信息化2.0视域下的学校发展新样态》，《远程教育杂志》2018年第4期，第57~68页。

[3] 南国农：《教育信息化建设的几个理论和实际问题（上）》，《电化教育研究》2002年第12期，第3~6页。

[4] 何克抗：《迎接教育信息化发展新阶段的挑战》，《中国电化教育》2006年第8期，第5~11页。

[5] 杨宗凯、杨浩、吴砥：《论信息技术与当代教育的深度融合》，《教育研究》2014年第3期，第88~95页。

[6] 杨宗凯、吴砥、郑旭东：《教育信息化2.0：新时代信息技术变革教育的关键历史跃迁》，《教育研究》2018年第4期，第16~22页。

[7] 祝智庭、魏非：《教育信息化2.0：智能教育启程，智慧教育领航》，《电化教育研究》2018年第9期，第5~16页。

[8] 胡钦太、张晓梅：《教育信息化2.0的内涵解读、思维模式和系统性变革》，《现代远程教育研究》2018年第6期，第12~20页。

［9］ 蔡继乐：《以教育信息化全面推动教育现代化——访十九大代表、教育部副部长杜占元》，《中国教育报》2017 年 10 月 22 日，http：//www.moe.gov.cn/jyb_ xwfb/xw_ zt/moe_ 357/jyzt_ 2017nztzl/2017_ zt13/17zt13_ dzbs/201710/t20171023_ 317111.html。

［10］ 姚振：《信息技术助力解决贫困地区学校开展不足问题》，《中国教育报》2017 年 11 月 30 日，http：//www.moe.gov.cn/jyb_ xwfb/gzdt_ gzdt/moe_ 1485/201711/t20171130_ 320252.html。

［11］ 刘旭东：《教育行动的逻辑与教育理论创新——兼论哈耶克的"必然无知"理论》，《教育研究》2016 年第 10 期，第 11～18 页。

［12］ 刘延东：《巩固成果开拓创新以教育信息化全面推动教育现代化——刘延东副总理在第二次全国教育信息化工作电视电话会议上的讲话》，《中国教育信息化》2016 年第 3 期，第 1～4 页。

［13］ 雷朝滋：《教育信息化：从 1.0 走向 2.0——新时代我国教育信息化发展的走向与思路》，《华东师范大学学报》（教育科学版）2018 年第 1 期，第 98～103 页。

［14］ 吴砥、余丽芹、李枞枞、尉小荣：《发达国家教育信息化政策的推进路径及启示》，《电化教育研究》2017 年第 9 期，第 5～13、28 页。

［15］ 杜占元：《加快融合创新发展让教育信息化 2.0 变为现实》，《中国教育报》2018 年 4 月 25 日。

［16］ 任友群：《我们该怎样研讨"教育信息化 2.0"?》，《远程教育杂志》2018 年第 4 期，第 3 页。

［17］ 杨宗凯：《教育信息化 2.0 的颠覆与创新》，《中国教育网络》2018 年第 1 期，第 1～2 页。

[18] 吴旻瑜、武晓菲：《教育信息化 2.0 的时代逻辑——〈教育信息化 2.0 行动计划〉解读之一》，《远程教育杂志》2018 年第 4 期，第 4~10 页。

[19] 胡钦太、郑凯、林南晖：《教育信息化的发展转型：从"数字校园"到"智慧校园"》，《中国电化教育》2014 年第 1 期，第 35~39 页。

[20] 陈丽、徐亚倩：《"互联网+教育"研究的十大学术新命题》，《电化教育研究》2021 年第 11 期，第 5~12 页。

[21] 刘革平、余亮、龚朝花、吴海燕：《教育信息化 2.0 视域下的"互联网+教育"要素与功能研究》，《电化教育研究》2018 年第 9 期，第 37~42、74 页。

[22] 余高：《"大数据+人工智能"：高校教育信息化的必经路径》，《中国高等教育》2020 年第 19 期，第 59~61 页。

[23] 党建宁、杨晓宏、王馨晨：《教育信息化 2.0 下的高校信息化绩效评价模型和指标体系研究》，《电化教育研究》2019 年第 8 期，第 45~52 页。

[24] 杨现民、赵鑫硕：《"互联网+"时代学习资源再认识及其发展趋势》，《电化教育研究》2016 年第 10 期，第 88~96 页。

[25] 余胜泉、王阿习：《"互联网+教育"的变革路径》，《中国电化教育》2016 年第 10 期，第 1~9 页。

[26] 黄荣怀、杨俊锋、胡永斌：《从数字学习环境到智慧学习环境：学习环境的变革与趋势》，《开放教育研究》2012 年第 1 期，第 75~84 页。

[27] 蔡宝来：《教育信息化 2.0 时代的智慧教学：理念、特质及模式》，《中国教育学刊》2019 年第 11 期，第 56~61 页。

[28] 任昌山：《加快推进 2.0 打造教育信息化升级版——〈教育信

息化2.0行动计划〉解读之二》，《电化教育研究》2018年第
6期，第29~31、89页。

[29] 王亚飞、刘邦奇：《智能教育应用研究概述》，《现代教育技
术》2018年第1期，第5~11页。

[30] 杨宗凯：《变革时代的教育创新——先进教室、数字教师、未
来教育》，《人民教育》2014年第12期，第16~21页。

[31] Probert E., "Information Literacy Skills: Teacher Understandings
and Practice", *Computers & Education*, 2009, 53 (1): 24–33.

[32] 杨宗凯：《融合信息技术重构教育生态》，《人民日报》2017年
4月27日。

[33] 郭炯、杨丽勤：《教育信息化促进教育系统性变革路径研
究——基于教育部首批教育信息化优秀试点案例的分析》，
《中国电化教育》，2019年第5期，第41~48页。

[34] 冯玉香、窦衍钊：《高等教育信息化对教学管理改革的推动探
究——评〈素质教育背景下高校教学管理制度改革的研
究〉》，《科技管理研究》2020年第9期，第256页。

[35] 吴砥、尉小荣、卢春、石映辉：《教育信息化发展指标体系研
究》，《开放教育研究》2014年第1期，第92~99页。

[36] 李志河、潘霞、刘芷秀、伊洁：《教育信息化2.0视域下高等
教育信息化发展水平评价研究》，《远程教育杂志》2019年第
6期，第81~90页。

[37] 任友群、万昆、赵健：《推进教育信息化2.0需要处理好十个
关系》，《现代远程教育研究》2018年第6期，第3~11页。

[38] 郑旭东：《智慧教育2.0：教育信息化2.0视域下的教育新生
态——〈教育信息化2.0行动计划〉解读之二》，《远程教育
杂志》2018年第4期，第11~19页。

［39］ 余胜泉:《人工智能教师的未来角色》,《开放教育研究》2018
年第 1 期, 第 16~28 页。

［40］ Alonso F. , López G. , Manrique D. , Viñes M. J. , "An Instructional
Model for Web-based E-learning Education with a Blended Learning
Process Approach", *British Journal of Educational Technology*, 2005,
36 (2): 217-235.

［41］ Singh H. , Reed C. , "White Paper: Achieving Success with
Blended Learning", *Centra Software*, 2001 (3): 1-11.

［42］ Driscoll M. , "Blended Learning: Let's Get Beyond the Hype", *E-
learning Magzine*, 2002, 3 (3): 1-2.

［43］ Moura V. , Souza C. , Backx A. , "The Use of Massive Open
Online Courses (MOOCs) in Blended Learning Courses and the
Functional Value Perceived by Students", *Computers & Education*,
2021, 161 (2): 104077.

［44］ 武滨、左明章、宋晔:《混合式学习支持服务的机理与策略:
基于全视角学习理论》,《远程教育杂志》2021 年第 4 期, 第
83~93 页。

［45］ 吕静静:《开放大学混合式教学新内涵探究——基于 SPOC 的
启示》,《远程教育杂志》2015 年第 3 期, 第 72~81 页。

［46］ Bernard M. R. , Borokhovski E. , Schmid F. R. , Tamim M. R. ,
Abrami C. P. , "A Meta-analysis of Blended Learning and Technology
Use in Higher Education: From the General to the Applied", *Journal
of Computing in Higher Education*, 2014, 26 (1): 87-122.

［47］ Lin W. S. , Wang C. H. , "Antecedences to Continued Intentions
of Adopting E-learning System in Blended Learning Instruction: A
Contingency Framework based on Models of Information System

Success and Task-technology Fit", *Computers & Education*, 2012, 58（1）：88-99.

［48］ 董庆华、郭广生：《混合式学习环境下合作学习模型的建构及实证研究》，《高等工程教育研究》2020 年第 6 期，第 176~181 页。

［49］ 余胜泉、路秋丽、陈声健：《网络环境下的混合式教学——一种新的教学模式》，《中国大学教学》2005 年第 10 期，第 50~56 页。

［50］ 邹燕、冯婷莉、赵一凡：《混合式教学模式的设计与实践研究》，《中国高等教育》2020 年第 1 期，第 58~60 页。

［51］ 罗映红：《高校混合式教学模式构建与实践探索》，《高教探索》2019 年第 12 期，第 48~55 页。

［52］ Felicia A., "Cross-European Perspective in Social Work Education: A Good Blended Learning Model of Practice", *Sustainability*, 2018, 10（5）：1539.

［53］ Boelens R., Wever B. D., Voet M., "Four Key Challenges to the Design of Blended Learning: A Systematic Literature Review", *Educational Research Review*, 2017（2）：1-18.

［54］ Lam W., "Blended Learning across Disciplines: Models for Implementation", *Online Information Review*, 2011, 35（6）：973-974.

［55］ 何克抗：《从 Blending Learning 看教育技术理论的新发展（下））》，《电化教育研究》2004 年第 4 期，第 21~31 页。

［56］ 何克抗：《从 Blending Learning 看教育技术理论的新发展（上）》，《电化教育研究》2004 年第 3 期，第 1~6 页。

［57］ 李克东、赵建华：《混合学习的原理与应用模式》，《电化教育研究》2004 年第 7 期，第 1~6 页。

［58］田富鹏、焦道利：《信息化环境下高校混合教学模式的实践探索》，《电化教育研究》2005 年第 4 期，第 63~65 页。

［59］邹景平：《美国大学混合学习的成功应用模式与实例》，《中国远程教育》2008 年第 11 期，第 33~34 页。

［60］黎加厚：《微课程教学法与翻转课堂的中国本土化行动》，《中国教育信息化》2014 年第 14 期，第 7~9 页。

［61］黎加厚：《新教育目标分类学概论》，上海教育出版社，2010。

［62］张季：《线上线下混合式教学探索与创新——评〈混合式教学设计与实践〉》，《中国教育学刊》2020 年第 11 期，第 136 页。

［63］刘徽、滕梅芳、张朋：《什么是混合式教学设计的难点？——基于 Rasch 模型的线上线下混合式教学设计方案分析》，《中国高教研究》2020 年第 10 期，第 82~87、108 页。

［64］Lage J. M.，Platt J. G.，Treglia M.，"Inverting the Classroom：A Gateway to Creating an Inclusive Learning Environment"，*Journal of Economic Education*，2000（winter）：30-43.

［65］Lemmer C. A.，"A View from the Flip Side：Using the "Inverted Classroom" to Enhance the Legal Research Information Literacy of the International LL. M. Student"，*Law Library Journal*，2013，105（4），461-491.

［66］Bergmann J.，Sams A.，"Why Flipped Classrooms are Here to Stay"［EB/OL］［2012-10-13］. http：//www. edweek. org/tm/articles/2012/06/12/fp_ bergmann_ sams. html，2012-06-12/.

［67］Spencer G. H.，"The One World Schoolhouse：Education Reimagined"，*Educational Theory*，2014，64（4）：418-424.

［68］方圆媛：《翻转课堂在线支持环境研究——以可汗学院在线平台为例》，《远程教育杂志》2014 年第 6 期，第 41~48 页。

［69］马明山、乔丹丹、汪向征：《公众视野中的可汗学院课程评价
及其启示》，《中国电化教育》2014 年第 1 期，第 93~98 页。

［70］Baker W. R. , "The 'Classroom Flip': Using Web Course
Management Tools to Become the Guide by the Side" ［DB/OL］
［2015 - 09 - 21］. http: //works. bepress. com/j _ wesley _
baker/21/.

［71］Galway L. P. , Corbett K. K. , Takaro T. K. , Tairyan K. , Erica
F. , "A Novel Integration of Online and Flipped Classroom
Instructional Models in Public Health Higher Education", *Bmc
Medical Education*, 2014, 14（1）：181.

［72］Mazur E. , "Education：Farewell, Lecture?", *Science*, 2009, 323
（5910）：50-51.

［73］朱婷：《教师要思考翻转课堂上"不教什么"》，《中国教育学
刊》2016 年第 3 期，第 102 页。

［74］Al-Zahrani M. A. , "From Passive to Active：The Impact of the
Flipped Classroom through Social Learning Platforms on Higher
Education Students' Creative Thinking", *British Journal of
Educational Technology*, 2015, 46（6）：1133-1148.

［75］赵兴龙：《翻转课堂中知识内化过程及教学模式设计》，《现代
远程教育研究》2014 年第 2 期，第 55~61 页。

［76］Nes A. G. , Hybakk J. , Zlamal J. , Solberg M. T. , "Mixed Teaching
Methods Focused on Flipped Classroom and Digital Unfolding Case to
Enhance Undergraduate Nursing Students' Knowledge in Nursing
Process", *International Journal of Educational Research*, 2021, 109
（3）：101859.

［77］缪静敏、汪琼：《高校翻转课堂：现状、成效与挑战——基于

实践一线教师的调查》，《开放教育研究》2015 年第 5 期，第 74～82 页。

[78] 曾文婕、周子仪、刘磊明：《怎样设计"以学生学习为中心"的大学翻转课堂》，《现代远程教育研究》2020 年第 5 期，第 77～85 页。

[79] 李海峰、王炜：《翻转课堂课前与课中双向深度学习探究——基于天平式耦合深度学习模型的三轮迭代实验》，《现代教育技术》2020 年第 12 期，第 55～61 页。

[80] 朱宏洁、朱赟：《翻转课堂及其有效实施策略刍议》，《电化教育研究》2013 年第 8 期，第 79～83 页。

[81] 贺斌、曹阳：《SPOC：基于 MOOC 的教学流程创新》，《中国电化教育》2015 年第 3 期，第 22～29 页。

[82] 张金磊、张宝辉：《游戏化学习理念在翻转课堂教学中的应用研究》，《远程教育杂志》2013 年第 1 期，第 73～78 页。

[83] 李海龙、邓敏杰、梁存良：《基于任务的翻转课堂教学模式设计与应用》，《现代教育技术》2013 年第 9 期，第 46～51 页。

[84] 刘玮、熊永华、王广君：《新工科背景下工科课程高阶学习教学模式探讨与实践》，《高等工程教育研究》2021 年第 3 期，第 163～168 页。

[85] 王晓晨、张佳琪、杨浩、张世红：《深度学习视角下高校翻转课堂教学模式研究》，《电化教育研究》2020 年第 12 期，第 85～91、128 页。

[86] 朱文辉、李世霆：《从"程序重置"到"深度学习"——翻转课堂教学实践的深化路径》，《教育学报》2019 年第 2 期，第 41～47 页。

[87] 孙伟民、赵晓红、李文军、陈国明：《翻转课堂实施中英语教

师的角色转变及能力提升》，《高教探索》2020 年第 1 期，第 55~58 页。

[88] 吴仁英、王坦：《翻转课堂：教师面临的现实挑战及因应策略》，《教育研究》2017 年第 2 期，第 112~122 页。

[89] 张绍军、李映红：《教师角色及其实践图谱：翻转课堂的视角》，《高教探索》2015 年第 11 期，第 110~114 页。

[90] Mehta C M., "Flipping Out and Digging in: Combining the Flipped Class and Project-Based Learning to Teach Adult Development", *The International Journal of Aging and Human Development*, 2020, 91 (4): 362-372.

[91] 郑晓丽、赖文华、刘根萍、金会洙、王峰：《争论式教学支架对学生知识加工的影响——基于翻转课堂的实验研究》，《开放教育研究》2018 年第 5 期，第 81~91 页。

[92] 杨现民：《信息时代智慧教育的内涵与特征》，《中国电化教育》2014 年第 1 期，第 32 页。

[93] 祝智庭、贺斌：《智慧教育：教育信息化的新境界》，《电化教育研究》2012 年第 12 期，第 5~13 页。

[94] 陈琳：《智慧教育创新实践的价值研究》，《中国电化教育》2015 年第 4 期，第 15~19 页。

[95] 代洪彬：《基于智慧教学理念的翻转课堂教学流程与互动系统设计》，《中国教育信息化》2016 年第 22 期，第 29~31 页。

[96] 于洪涛：《基于雨课堂的高校智慧教学五步法探究——以"网络教育应用"课程为例》，《现代教育技术》2018 年第 9 期，第 54~58 页。

[97] 张雅、夏金星、孙善学：《"互联网+"背景下职业教育课程智慧教学研究》，《中国职业技术教育》2017 年第 23 期，第 8~

12 页。

［98］ Pinkwart N. , "Another 25 Years of AIED? Challenges and Opportunities for Intelligent Educational Technologies of the Future", *International Journal of Artificial Intelligence in Education*, 2016, 26（2）: 771-783.

［99］ 杨现民、余胜泉:《智慧教育体系架构与关键支撑技术》,《中国电化教育》2015 年第 1 期, 第 77~84、130 页。

［100］ 王济军:《智慧教育引领教育的创新与变革——技术与教育深度融合的视角》,《现代教育技术》2015 年第 5 期, 第 53~56 页。

［101］ Boulay B. D. , "Escape from the Skinner Box: The Case for Contemporary Intelligent Learning Environments", *British Journal of Educational Technology*, 2019, 50（6）: 2902-2919.

［102］ Muehlenbrock M. , Tewissen F. , Hoppe U. , "A Framework System for Intelligent Support in Open Distributed Learning Environments", *International Journal of Artificial Intelligence in Education*, 2016, 26（1）: 504-511.

［103］ 储玲玲:《图形创意智慧课堂教学设计与实践——以<图形创意的起点——联想>课程设计为例》,《教育研究》2020 年第 3 期, 第 168~169 页。

［104］ 庞敬文、张宇航、唐烨伟、解月光:《深度学习视角下智慧课堂评价指标的设计研究》,《现代教育技术》2017 年第 2 期, 第 12~18 页。

［105］ 刘晓琳、黄荣怀:《从知识走向智慧: 真实学习视域中的智慧教育》,《中国电化教育》2016 年第 3 期, 第 14~20 页。

［106］ 施珺、戚学鲞、胡文彬、樊宁:《智慧教育环境下教学质量演

进优化系统的架构研究》，《中国教育信息化》2016 年第 23 期，第 60~63 页。

[107] 陈革英：《基于智慧校园的线上线下教学融合实践与创新——以宁夏"互联网+教育"示范区标杆校为例》，《中国电化教育》2021 年第 12 期，第 117~122 页。

[108] Dai L., Wang W., Zhou Y., "Design and Research of Intelligent Educational Administration Management System Based on Mobile Edge Computing Internet", *Mobile Information Systems*, 2021, 2021 (9): 1–12.

[109] 张艳丽、孙中玲、张德盛、于春芳：《基于大数据的外语智慧教育应用研究》，《现代教育技术》2017 年第 12 期，第 63~68 页。

[110] 李康康、赵鑫硕、陈琳：《我国智慧教室的现状及发展》，《现代教育技术》2016 年第 7 期，第 25~30 页。

[111] Kanematsu H., Barry D. M., *STEM and ICT Education in Intelligent Environments*, Cham: Springer, 2016.

[112] 陈琳、王运武：《面向智慧教育的微课设计研究》，《教育研究》2015 年第 3 期，第 127~130、136 页。

[113] Lee J. S., Kim S. W., "Validation of a Tool Evaluating Educational Apps for Smart Education", *Journal of Educational Computing Research*, 2015, 52 (3): 435–450.

[114] 王洪林、钟守满：《中国外语教学改革前瞻：从微课到慕课再到翻转课堂》，《外语电化教学》2017 年第 1 期，第 16~20、34 页。

[115] Kaklauskas A., Amaratunga D., Haigh R. P., Ubarte I., Kuzminske A., "Intelligent MOOC for the Disaster Resilience Dprof

Programme", 6th International Conference on Building Resilience. Auckland, New Zealand, 2016, 457-466.

[116] Liu J. M., Xiang Y., Yang M. H., "Construction and Application of New Intelligent MOOC Teaching System Based on Deep Learning Neural Network in Remote Sensing Course", 2016 8th International Conference on Information Technology in Medicine & Education. FuJian, China, 2016, 459-462.

[117] Klein R., Celik T., "The Wits Intelligent Teaching System: Detecting Student Engagement During Lectures Using Convolutional Neural Networks", 2017 IEEE International Conference on Image Processing (ICIP). Beijing, China, 2021, 2856-2860.

[118] 许亚锋、张际平:《面向体验学习的未来课堂设计——基于改进的 PST 框架》,《中国电化教育》2013 年第 4 期,第 13~19 页。

[119] 李磊:《智慧课堂在高校体育教学中的应用与实践》,《中国电化教育》2020 年第 7 期,第 2 页。

[120] 许文虎、钟敏:《基于"互联网+"智慧教学的新型教学模式研究与实践》,《职教论坛》2017 年第 32 期,第 58~61 页。

[121] 刘正涛、王蔷馨、许淋萍:《应用型本科高校线上线下混合式"金课"建设与实施探讨》,《江苏高教》2020 年第 11 期,第 80~83 页。

[122] 王琨、周丽芹、张立强、綦声波:《适合于大课堂的混合式教学方法探究——以"电路原理"课程为例》,《现代教育技术》2019 年第 5 期,第 33~38 页。

[123] 丁蕾:《基于"互联网+"的中职物理混合式教学》,《中国电化教育》2016 年第 3 期,第 141~145 页。

[124] 詹泽慧、李晓华：《混合学习：定义、策略、现状与发展趋势——与美国印第安纳大学柯蒂斯·邦克教授的对话》，《中国电化教育》2009 年第 12 期，第 1~5 页。

[125] 陈朝晖、王达诠、陈名弟等：《基于知识建构与交互学习的混合式教学模式研究与实践》，《中国大学教学》2018 年第 8 期，第 33~37 页。

[126] 顾小清、杜华：《"信息技术时代的教育学理论重建"重要命题的反思与对话》，《现代远程教育研究》2019 年第 1 期，第 3~10 页。

[127] 赵文杰、冯侨华、张玉萍：《基于构建性学习的"互联网+"混合式教学理论研究》，《黑龙江教育（高教研究与评估）》2019 年第 4 期，第 24~26 页。

[128] Laura K., Rupert W., *Theory of Teaching Thinking：International Perspectives*, Cambridge：Routledge, 2018.

[129] 理查德·克拉克、文森特·克拉克、姜敏：《从教育新行为主义到神经科学：以认知负荷研究的起源与未来为视角》，《现代远程教育研究》2014 年第 3 期，第 52~65 页。

[130] Ertmer A. P., Newby J. T., "Behaviorism, Cognitivism, Constructivism：Comparing Critical Features from an Instructional Design Perspective", *Performance Improvement Quarterly*, 2013, 26（2）：43-71.

[131] 叶增编：《建构主义学习理论与行为主义、认知主义关键特征之比较》，《现代远程教育研究》2006 年第 3 期，第 64~66 页。

[132] 邹艳春：《建构主义学习理论的发展根源与逻辑起点》，《外国教育研究》2002 年第 5 期，第 27~29 页。

［133］ 钟丽佳、盛群力：《建构主义教学理论之科学性探讨》，《电化教育研究》2016 年第 10 期，第 22~28 页。

［134］ Dubinsky E.，Mcdonald M. A.，*APOS*：*A Constructivist Theory of Learning in Undergraduate Mathematics Education Research*，Netherlands：Springer，2002.

［135］ 王沛、康廷虎：《建构主义学习理论述评》，《教师教育研究》2004 年第 5 期，第 17~21 页。

［136］ Malhotra A.，Yang C.，Feng X.，"Application of Constructivism and Cognitive Flexibility Theory to Build a Comprehensive，Integrated，Multimodal Interprofessional Education and Practice（CIM-IPEP）Program"，*Journal of Interprofessional Care*，2021（1）：1-6.

［137］ Jonassen D.，Davidson M.，Collins M.，Campbell J.，Haag B. B.，"Constructivism and Computer-mediated Communication in Distance Education"，*American Journal of Distance Education*，1995，9（2）：7-26.

［138］ 张婷、张传军：《基于建构主义理论圆的标准方程教学设计》，《教育研究》2020 年第 3 期，第 127~128 页。

［139］ Harasim L.，*Learning Theory and Online Technologies*，Taylor and Francis，2017.

［140］ 薛国凤、王亚晖：《当代西方建构主义教学理论评析》，《高等教育研究》2003 年第 1 期，第 95~99 页。

［141］ 何克抗：《建构主义——革新传统教学的理论基础（三）》，《教育学报》1998 年第 5 期，第 48~49 页。

［142］ Fosnot C. T.，*Constructivism*：*Theory，Perspectives，and Practice*，New York：Teachers College Press，1996.

［143］ 杨开城、卢韵：《一种教学评价新思路：用教学过程证明教学自身》，《现代远程教育研究》2021 年第 6 期，第 49~54 页。

［144］ 牟智佳、刘珊珊、陈明选：《循证教学评价：数智化时代下高校教师教学评价的新取向》，《中国电化教育》2021 年第 9 期，第 104~111 页。

［145］ 戚业国、杜瑛：《教育价值的多元与教育评价范式的转变》，《华东师范大学学报（教育科学版）》2011 年第 2 期，第 11~18 页。

［146］ 贺武华：《以学为中心的高校"教"与"学"质量评价体系改进》，《江苏高教》2019 年第 3 期，第 21~25 页。

［147］ 朱燕华、陈莉萍：《大学英语智慧课堂教学评价指标体系构建》，《外语电化教学》2020 年第 4 期，第 94~100、111 页。

［148］ 刘小莲：《面向生成的智慧课堂评价指标体系构建与应用研究》，《教育导刊》2021 年第 4 期，第 49~58 页。

［149］ 姚计海：《"文献法"是研究方法吗——兼谈研究整合法》，《国家教育行政学院学报》2017 年第 7 期，第 89~94 页。

［150］ Dilthey W. , *Selected Writings*, Cambridge : Cambridge University Press, 1976.

［151］ Merton R. K. , Fiske M. , Kendall P. L. , "The Focussed Interview", *American Journal of Sociology*, 1946 (51)：541-557.

［152］ Arksey H. , Knight P. T. , *Interviewing for Social Scientists：An Introductory Resource with Examples*, London：Sage Publications, 1999.

［153］ Schutz, A. , *The Phenomenology of the Social World*, Chicago：Northwestern University Press, 1967.

［154］ Hakim C. , *Research Design：Strategies and Choices in the Design of Social Research*，London：Allen & Unwin，1987.

［155］Wengraf T.，*Qualitative Research Interviewing Biographic Narrative and Semi-structured Methods*，London：Sage Publications，2001.

［156］Duin P. A. V. D.，*Foresight in Organizations：Methods and Tools*，Netherlands：Routledge，2016.

［157］曾照云、程安广：《德尔菲法在应用过程中的严谨性评估——基于信息管理视角》，《情报理论与实践》2016 年第 2 期，第 64~68 页。

［158］Kulakowski K.，*Understanding Analytic Hierarchy Process*，London：CRC Press，2020.

［159］Thomas L. S.，Luis G.，*Models，Methods，Concepts & Applications of the Analytic Hierarchy Process*，Boston：Springer，2012.

［160］刘晓鸣：《素质教育背景下智慧教学研究》，吉林大学硕士学位论文，2015。

［161］莫琳琳、傅王倩、肖非：《随班就读课堂教学评价指标体系构建——基于德尔菲法的研究》，《中国特殊教育》2016 年第 4 期，第 3~10、34 页。

［162］朱轩、崔晓慧：《智慧教学环境下精准教学评价指标体系的构建研究》，《江苏高职教育》2019 年第 1 期，第 32~37 页。

［163］向凯悦、李明勇、马燕：《促进深度学习的智慧课堂模式构建与应用研究》，《教学与管理》2022 年第 9 期，第 90~93 页。

［164］凌媛佳：《小学语文课堂智慧教学策略研究》，浙江师范大学硕士学位论文，2017。

［165］曾照云、程晓康：《德尔菲法应用研究中存在的问题分析——基于 38 种 CSSCI（2014-2015）来源期刊》，《图书情报工作》2016 年第 16 期，第 116~120 页。

［166］ Jeste D. V., Ardelt M., Blazer D., Kraemer H. C., Vaillant G., Meeks T. W., "Expert Consensus on Characteristics of Wisdom: A Delphi Method Study", *The Gerontologist*, 2010, 50 (5): 668-680.

［167］ Lund B. D., "Review of the Delphi Method in Library and Information Science Research", *Journal of Documentation*, 2020, ahead-of-print.

［168］ 谢平芳、黄远辉、赵红梅：《市场调查与预测》，南京大学出版社，2020。

［169］ Murry J. W, Hammons J. O., "Delphi: A Versatile Methodology for Conducting Qualitative Research", *Review of Higher Education*, 1995, 18 (4): 423-436.

［170］ Hair F. J., Black C. W., Babin J. B., Anderson E. R., *Multivariate Data Analysis (7th Edition)*, Harfow: Pearon, 2013.

［171］ Bellach B., "Remarks on the Use of Pearson's Correlation Coefficient and Other Association Measures in Assessing Validity and Reliability of Dietary Assessment Methods", *European Journal of Clinical Nutrition*, 1993, 47 Suppl 2: S42-5.

［172］ 余敦华、张亚杰、黄海静、张诚一：《AHP 中判断矩阵的一致性检验新方法》，《数学的实践与认识》2017 年第 22 期，第 189~198 页。

［173］ Golden L. B., Wasil A. E., Harker T. P., *The Analytic Hierarchy Process*, Berlin: Springer, 1989.

［174］ 吕婷婷、张虹、王娜：《基于数字化写作资源平台的自动反馈对大学生英语写作影响研究》，《电化教育研究》2015 年第 6 期，第 93~99 页。

［175］ 王娜：《基于"体验英语——写作教学资源平台"的数字化写作教学初探》，《现代教育技术》2014 年第 4 期，第 52~59 页。

［176］ 吕婷婷、王玉超：《基于数字化资源平台的大学英语课堂教师话语分析》，《中国外语》2013 年第 4 期，第 69~77 页。

［177］ 刘清堂、叶阳梅、朱珂：《活动理论视角下 MOOC 学习活动设计研究》，《远程教育杂志》2014 年第 4 期，第 99~105 页。

［178］ 刘冰欣、章天金、李其锋：《地方高校智慧教学服务体系的探索与实践》，《高教论坛》2020 年第 10 期，第 60~63 页。

附 录

焦点小组访谈大纲

【访谈目的】

1. 明确智慧教学的概念范畴。

2. 明晰智慧教学的特征。

3. 探寻智慧教学改革的挑战。

4. 讨论"3P"交互啮合式智慧教学改革模型作为智慧教学改革设计指导模型的合理性。

5. 搭建 IE-CES 智慧教学改革效果评价指标体系的指标池。

6. 确定 IE-CES 智慧教学改革效果评价指标体系的一级指标以及二级指标。

【访谈对象】

吉林省首届"智慧课堂教学创新大赛"的部分获奖教师。

【访谈内容】

1. 您认为什么是"智慧教学"？在它的概念界定中有哪些关键词是不可以省略的？

2. 您认为智慧教学与传统教学有什么区别？

3. 您认为智慧教学与教学信息化之间的关系是怎样的？

4. 您认为智慧教学与慕课、翻转课堂之间的关系是怎样的？

5. 您认为现在是进行智慧教学改革的最佳时期吗？还有哪些方面我们还没有准备好？

6. 您在智慧教学改革实践中遇到了哪些困难？

7. 您认为在智慧教学改革实践中最棘手的问题是什么？

8. 您认为智慧教学的教学模式应该是怎样的？

9. 根据我们提前给您的关于"3P"交互啮合式智慧教学改革模型的介绍材料，您认为该模型作为智慧教学改革的设计指导模型是否合理？您认为该模型的 3 个模块以及 14 条路径中有哪些是需要进一步调整与完善的？

10. 如果要对智慧教学改革效果进行评价，您认为应该由谁来进行智慧教学改革评价？

11. 您认为现有的教学评价体系是否适用于智慧教学改革效果评价？

12. 您认为智慧教学改革效果评价体系与传统教学的评价体系相比应该着重突出哪些方面？

13. 您认为智慧教学改革效果评价体系应该具有哪些特点？需要有哪些关键词？

14. 您认为智慧教学改革效果评价体系应该包括哪些主要方面？这些主要方面应该包括哪些主要题项？

15. 您认为智慧教学改革效果评价体系的这些主要方面或者主要题项是否可以分组？是否有必要分组？

16. 您认为智慧教学改革效果评价体系是否需要按照教学活动的对象（教师以及学生）进行划分？如果需要，每个对象应该包括哪些评价指标？

17. 您认为智慧教学改革效果评价体系是否需要按照教学活动的时序（课前、课中以及课后）进行划分？如果需要，每个时序应该包括哪些评价指标？

18. 您认为智慧教学改革效果评价体系是否需要按照教学活动的环节（教学目标、教学内容、教学方法、教学考核以及教学反思）进行划分？如果需要，每个环节应该包括哪些评价指标？

专家一对一深度访谈大纲

【访谈目的】

1. 搭建 IE-CES 智慧教学改革效果评价指标体系的指标池。

2. 确定 IE-CES 智慧教学改革效果评价指标体系的一级指标以及二级指标。

【访谈对象】

吉林省首届"智慧课堂教学创新大赛"的部分获奖教师的相关领导（包括相关的教学副院长、院长、教学督导、教务处处长以及教发中心主任等）。

【访谈内容】

1. 如果要对智慧教学改革效果进行评价，您认为应该由谁来进行智慧教学改革评价？

2. 您认为现有的教学评价体系是否适用于智慧教学改革效果评价？

3. 您认为智慧教学改革效果评价体系与传统教学的评价体系相比应该着重突出哪些方面？

4. 您认为智慧教学改革效果评价体系应该具有哪些特点？需要有哪些关键词？

5. 您认为智慧教学改革效果评价体系应该包括哪些主要方面？这些主要方面应该包括哪些主要题项？

6. 您认为智慧教学改革效果评价体系的这些主要方面或者主要题项是否可以分组？是否有必要分组？

7. 您认为智慧教学改革效果评价体系是否需要按照教学活动的对象（教师以及学生）进行划分？如果需要，每个对象应该包括哪些评价指标？

8. 您认为智慧教学改革效果评价体系是否需要按照教学活动的时序（课前、课中以及课后）进行划分？如果需要，每个时序应该包括哪些评价指标？

9. 您认为智慧教学改革效果评价体系是否需要按照教学活动的环节（教学目标、教学内容、教学方法、教学考核以及教学反思）进行划分？如果需要，每个环节应该包括哪些评价指标？

智慧教学改革效果评价指标体系
第一轮专家匿名函询问卷

尊敬的专家学者：

您好！

本研究初步构建了高等院校"IE-CES 智慧教学改革效果评价指标体系框架"，具体包含智慧教学环境、智慧教学素养、智慧教学设计、智慧教学实施以及智慧教学反馈 5 个一级指标，下辖 13 个二级指标与 42 个三级指标。特此向您征询关于以上指标合适性以及指标描述准确性的意见与建议，您的反馈对后续研究的顺利开展具有十分重要的影响！

【第一部分】

请判断各一级指标下细化的二级指标与三级指标是否合适，并勾选相应的选项。若勾选"修改后合适"或"不合适"请在弹出的方框内填写具体的意见或建议。

一级指标	二级指标	三级指标	指标描述	合适	修改后合适	不合适
智慧教学环境 A1′	硬环境 B1′	校园无线网络 C1′	拥有全面覆盖校园的无线网络	○	○	○
		智慧教学设备 C2′	配备数量充足的电脑、平板电脑、智能手机等设备，保证每位教学参与者都有与教学需要相适应的智慧教学设备，同时保证各设备的性能达标，能够正常应用智慧教学平台及教辅软件的所有功能	○	○	○
	软环境 B2′	智慧教学平台 C3′	兼容常见系统，兼容电脑、平板电脑、智能手机等设备，集成实时追踪、大数据分析、精准推送、同步互动、多屏协作等功能，包含直播课程、录播课程、习题测验、讨论专区等模块，支持常见文件格式，界面设计合理、操作便捷、运行稳定	○	○	○
		智慧教学教辅软件 C4′	兼容常见系统，集成实时追踪、大数据分析、精准推送、同步互动等功能，支持头脑风暴、抢答、投票等多种智慧教学活动，支持常见文件格式，界面设计合理、操作便捷、运行稳定	○	○	○
智慧教学素养 A2′	教师素养 B3′	智慧教学意识 C5′	认同信息技术对教学的重要性，了解智慧教学的基本理念，熟悉"线上+线下"混合教学、翻转课堂等教学改革内容，具备主动采取智慧教学的意识	○	○	○
		智慧教学能力 C6′	能够有机融合信息技术与教学，能够在教学实践过程中全面设计并实施智慧教学，能够在智慧教学中结合对本学科及本课程的认识，能够独立使用智慧教室，熟练应用智慧教学设备，自如运用智慧教学平台及教辅软件，了解慕课、微课、数字教材等多种智慧教学资源，能够顺利开展智慧教学所需的各种教学活动	○	○	○

一级指标	二级指标	三级指标	指标描述	合适	修改后合适	不合适
智慧教学素养 A2′	学生素养 B4′	自主学习能力 C7′	具备一定的思辨能力,能够在自主学习过程中有效理解新知识,能够分辨自己对各个知识点的掌握程度,有旺盛的求知欲和进取的钻研精神,能够主动探索自主学习过程中遇到的问题	○	○	○
		信息化水平 C8′	能够自如运用互联网搜寻所需信息,熟练应用各种智慧学习设备,能够在演示后正确使用智慧教室,能够在讲解后充分利用智慧教学平台及教辅软件	○	○	○
智慧教学设计 A3′	教学目标 B5′	以学生为中心 C9′	秉持"以学生为中心"的原则,体现学生的主体地位,保证各级教学目标均以学生的发展为归宿点	○	○	○
		与人才培养方案相符 C10′	符合学校的办学定位,符合学院、系、专业在人才培养方案中对该门课程的具体要求,符合对学生所在学年、学期的相关要求	○	○	○
		三位一体 C11′	融合知识与技能、过程与方法、情感态度与价值观三个方面,重视解决复杂问题的高阶能力目标,突出立德树人的育人目标	○	○	○
		可分化 C12′	划分教学目标的层级,制定针对全体学生、大部分学生、小部分学生的分化教学目标,明确层级间的逻辑关系与内在联系	○	○	○
		可度量 C13′	采用具体、清晰的外显化行为动词准确表述教学目标,确保教学目标可观察、可衡量、可评价	○	○	○

续表

一级指标	二级指标	三级指标	指标描述	合适	修改后合适	不合适
智慧教学设计 A3′	教学流程 B6′	理论基础的智慧化植入 C14′	抓取新知与旧识的交点，激活原有知识，联结全新知识，实现在已学知识的背景下理解并摄取新知识	○	○	○
		思维体系的智慧化构建 C15′	突破记忆与运用的瓶颈，引导学生主动提取记忆，建构并完善知识体系，实现在原有经验的基础上融入并整合新知识	○	○	○
		行为模式的智慧化塑造 C16′	强化理论与实践的衔接，设置现实向、综合型的教学任务和教学活动，倒逼学生调动整体的、系统的、全面的学科理论知识，实现在真实情境的体验中应用并内化新知识	○	○	○
	教学方案 B7′	学情分析 C17′	分析开课年级、班级氛围、整体水平等班级学情背景，分析个性特征、学习习惯、知识储备、思维能力、政治观念、生活经验、兴趣倾向等个人学情背景，充分考虑班级独特性与个体差异性	○	○	○
		大纲制定 C18′	制定清晰的章、节大纲，根据教学目标及具体学情恰当地调整教材大纲并合理地突出重点，在课程初期即提供准确可查的学期、月、周、课进度计划	○	○	○
		任务编排 C19′	规划时间明确的学习任务序列，设计问题导向的任务形式，编制处于学生最近发展区的任务内容，充分调动学生的能动性，配套科学合理的考核方案或激励方案以保证任务的完成度	○	○	○
		教学组织 C20′	兼顾全班、小组、个人等多种教学组织形式且比例适中，选择与具体教学内容相适应的组织形式，划分小组时充分考虑学生特征及学生偏好	○	○	○
		教学方法 C21′	运用多种教学方法且比例适中，选择与具体教学内容相适应的教学方法	○	○	○

一级 指标	二级 指标	三级指标	指标描述	合适	修改后 合适	不合适
智慧 教学 设计 A3′	教学 考核 B8′	明确性 C22′	说明考核内容、考核方式、考核比重、考核节点等详细信息,在课程初期即制定并公开清晰准确的考核规则	○	○	○
		复合性 C23′	采用学术论文、书面报告、项目设计、路演、实验等复合性方式,设置个人、小组、矩阵等复合性单元,鼓励学生体验独立者、领导者、被领导者等复合性角色	○	○	○
		立体性 C24′	涵盖知识、能力、情感三个考核维度,综合教师考核、自我评价、生生互评等多个考核方向,全面考核学生的智慧学习结果	○	○	○
智慧 教学 实施 A4′	教学 内容 B9′	适配度 C25′	符合本课程的教学目标,符合本教学班的学情背景,符合具体的教学大纲	○	○	○
		丰容度 C26′	兼具经典理论与前沿研究,兼具典型案例与时代热点,兼具学术内涵与实践价值,兼具学科趋势与社会发展	○	○	○
		纵深度 C27′	厘清本课程的核心原理,把握本学科的思维方法,具备"跳一跳够得着"的挑战度,下探学术研究的理论深度,下探真实市场的应用深度	○	○	○
		思辨度 C28′	提供思辨能力的培育空间,鼓励学生对教学内容进行自主探究、自主分析、自主判断,营造平等的学习氛围,引导学生交流合作,注重培养学生的逻辑思维、批判思维、创新思维	○	○	○

续表

一级指标	二级指标	三级指标	指标描述	合适	修改后合适	不合适
智慧教学实施 A4'	教学资源 B10'	多模态交互化 C29'	呈现以视频、音频、图片、文本等方式交互的富媒体资源，融合视觉、听觉、触觉等多模态感官，强化学生的参与感，有效促进学生深度学习	○	○	○
		可选取层级化 C30'	给予不同教学内容分区化的教学资源，给予同一教学内容难度分层化的教学资源，合理拓展资源难度跨度，适度提高资源难度上限，保证教学资源的分区与分层清晰可见，便于选择	○	○	○
		追踪式迭代化 C31'	能够持续更新现有资源，及时补充空缺资源，能够根据学习进程或学习环境实时推送相关的全新资源，保证教学资源实现内容迭代、形式迭代、应用迭代	○	○	○
	教学活动 B11'	多样性 C32'	组织头脑风暴、案例探究、情景模拟、实验操作、辩论比赛等多元化的教学活动，保证教学活动的选取与具体的教学目标及教学内容相匹配	○	○	○
		互动性 C33'	利用智慧教学环境，创设沉浸式情境，提供全流程衔接的即时互动机会，满足师生互动与生生互动的交叉互动需求，强化学生的参与感，调动学生的主体性	○	○	○
		灵活性 C34'	把控课堂进程，能够根据实际时间合理调整活动环节，能够根据实际进展合理调整活动方式	○	○	○
		生成性 C35'	提供生成性土壤，鼓励学生提出生成性问题，及时准确捕捉生成性问题，指导学生深入探究生成性问题，能够在课上或课后针对生成性问题进行深入讨论与全面解答	○	○	○
		延展性 C36'	具备时间上的延伸性，活动流程涉及课前、课中、课后等多阶段；具备内容上的拓展性，活动范围涉及课程任务、调研项目、科研课题、专业论文、创业比赛、实践实操等多领域	○	○	○

一级指标	二级指标	三级指标	指标描述	合适	修改后合适	不合适
智慧教学反馈 A5′	教学过程反馈 B12′	动态实时把控 C37′	利用智慧教学平台及教辅软件实现对学生及学习环节的全面追踪，制定综合考量学生的实时进程与综合状态的个性化干预方案，及时提供必要的干预措施	○	○	○
		大数据分析 C38′	利用智慧教学平台及教辅软件精准分析共性问题、薄弱环节、重点难点、后进个体，实现全面释疑、专项指导、重点讲解、难点突破、个体提升的锚定式教学	○	○	○
		双域双频沟通 C39′	提供公域沟通渠道，建立公开的师生沟通、生生沟通方式；提供私域沟通渠道，确保学生拥有匿名沟通的权利；提供同频沟通机会，保障重要问题得到及时回应；提供异频沟通机会，保障机动问题能够全程反馈	○	○	○
	教学结果反馈 B13′	客观成绩 C40′	呈现正态分布的整体态势，能够有效选拔优秀并甄别落后，成绩均值及中位数能够较传统教学实现一定的提升	○	○	○
		主观感受 C41′	拥有较高的出勤率与学生满意度，达成通过该门课程有实际收获与能力进步的学生自我认知，能够激发多数学生继续学习相关课程的兴趣，能够引导少数学生产生深入钻研相关专业的意愿	○	○	○
		反思调整 C42′	能够在教学过程中根据多方、多角度反馈及时调整进度计划与内容安排，能够在课程结束后根据立体化、全面化、系统化的反馈有针对性地调整下一轮次的智慧教学设计与智慧教学实施	○	○	○

【第二部分】

请判断各三级指标的指标描述是否准确，并勾选相应的选项。若勾选"修改后准确"或"不准确"请在弹出的方框内填写具体的意见或建议。

一级指标	二级指标	三级指标	指标描述	准确	修改后准确	不准确
智慧教学环境 A1′	硬环境 B1′	校园无线网络 C1′	拥有全面覆盖校园的无线网络	○	○	○
		智慧教学设备 C2′	配备数量充足的电脑、平板电脑、智能手机等设备，保证每位教学参与者都有与教学需要相适应的智慧教学设备，同时保证各设备的性能达标，能够正常应用智慧教学平台及教辅软件的所有功能	○	○	○
	软环境 B2′	智慧教学平台 C3′	兼容常见系统，兼容电脑、平板电脑、智能手机等设备，集成实时追踪、大数据分析、精准推送、同步互动、多屏协作等功能，包含直播课程、录播课程、习题测验、讨论专区等模块，支持常见文件格式，界面设计合理，操作便捷，运行稳定	○	○	○
		智慧教学教辅软件 C4′	兼容常见系统，集成实时追踪、大数据分析、精准推送、同步互动等功能，支持头脑风暴、抢答、投票等多种智慧教学活动，支持常见文件格式，界面设计合理，操作便捷，运行稳定	○	○	○
智慧教学素养 A2′	教师素养 B3′	智慧教学意识 C5′	认同信息技术对教学的重要性，了解智慧教学的基本理念，熟悉"线上+线下"混合教学、翻转课堂等教学改革内容，具备主动采取智慧教学的意识	○	○	○

一级 指标	二级 指标	三级指标	指标描述	准确	修改后 准确	不准确
智慧 教学 素养 A2′	教师 素养 B3′	智慧教学能力 C6′	能够有机融合信息技术与教学,能够在教学实践过程中全面设计并实施智慧教学,能够在智慧教学中结合对本学科及本课程的认识,能够独立使用智慧教室,熟练应用智慧教学设备,自如运用智慧教学平台及教辅软件,了解慕课、微课、数字教材等多种智慧教学资源,能够顺利开展智慧教学所需的各种教学活动	○	○	○
	学生 素养 B4′	自主学习能力 C7′	具备一定的思辨能力,能够在自主学习过程中有效理解新知识,能够分辨自己对各个知识点的掌握程度,有旺盛的求知欲和进取的钻研精神,能够主动探索自主学习过程中遇到的问题	○	○	○
		信息化水平 C8′	能够自如运用互联网搜寻所需信息,熟练应用各种智慧学习设备,能够在演示后正确使用智慧教室,能够在讲解后充分利用智慧教学平台及教辅软件	○	○	○
智慧 教学 设计 A3′	教学 目标 B5′	以学生为中心 C9′	秉持"以学生为中心"的原则,体现学生的主体地位,保证各级教学目标均以学生的发展为归宿点	○	○	○
		与人才培养 方案相符 C10′	符合学校的办学定位,符合学院、系、专业在人才培养方案中对该门课程的具体要求,符合对学生所在学年、学期的相关要求	○	○	○
		三位一体 C11′	融合知识与技能、过程与方法、情感态度与价值观三个方面,重视解决复杂问题的高阶能力目标,突出立德树人的育人目标	○	○	○

一级指标	二级指标	三级指标	指标描述	准确	修改后准确	不准确
智慧教学设计 A3′	教学目标 B5′	可分化 C12′	划分教学目标的层级,制定针对全体学生、大部分学生、小部分学生的分化教学目标,明确层级间的逻辑关系与内在联系	○	○	○
		可度量 C13′	采用具体、清晰的外显化行为动词准确表述教学目标,确保教学目标可观察、可衡量、可评价	○	○	○
	教学流程 B6′	理论基础的智慧化植入 C14′	抓取新知与旧识的交点,激活原有知识,联结全新知识,实现在已学知识的背景下理解并摄取新知识	○	○	○
		思维体系的智慧化构建 C15′	突破记忆与运用的瓶颈,引导学生主动提取记忆,建构并完善知识体系,实现在原有经验的基础上融入并整合新知识	○	○	○
		行为模式的智慧化塑造 C16′	强化理论与实践的衔接,设置现实向、综合型的教学任务和教学活动,倒逼学生调动整体的、系统的、全面的学科理论知识,实现在真实情境的体验中应用并内化新知识	○	○	○
	教学方案 B7′	学情分析 C17′	分析开课年级、班级氛围、整体水平等班级学情背景,分析个性特征、学习习惯、知识储备、思维能力、政治观念、生活经验、兴趣倾向等个人学情背景,充分考虑班级独特性与个体差异性	○	○	○
		大纲制定 C18′	制定清晰的章、节大纲,根据教学目标及具体学情恰当地调整教材大纲并合理地突出重点,在课程初期即提供准确可查的学期、月、周、课进度计划	○	○	○

176

一级指标	二级指标	三级指标	指标描述	准确	修改后准确	不准确
智慧教学设计A3′	教学方案B7′	任务编排C19′	规划时间明确的学习任务序列,设计问题导向的任务形式,编制处于学生最近发展区的任务内容,充分调动学生的能动性,配套科学合理的考核方案或激励方案以保证任务的完成度	○	○	○
		教学组织C20′	兼顾全班、小组、个人等多种教学组织形式且比例适中,选择与具体教学内容相适应的组织形式,划分小组时充分考虑学生特征及学生偏好	○	○	○
		教学方法C21′	运用多种教学方法且比例适中,选择与具体教学内容相适应的教学方法	○	○	○
	教学考核B8′	明确性C22′	说明考核内容、考核方式、考核比重、考核节点等详细信息,在课程初期即制定并公开清晰准确的考核规则	○	○	○
		复合性C23′	采用学术论文、书面报告、项目设计、路演、实验等复合性方式,设置个人、小组、矩阵等复合性单元,鼓励学生体验独立者、领导者、被领导者等复合性角色	○	○	○
		立体性C24′	涵盖知识、能力、情感三个考核维度,综合教师考核、自我评价、生生互评等多个考核方向,全面考核学生的智慧学习结果	○	○	○
智慧教学实施A4′	教学内容B9′	适配度C25′	符合本课程的教学目标,符合本教学班的学情背景,符合具体的教学大纲	○	○	○

续表

一级指标	二级指标	三级指标	指标描述	准确	修改后准确	不准确
智慧教学实施A4′	教学内容B9′	丰容度C26′	兼具经典理论与前沿研究,兼具典型案例与时代热点,兼具学术内涵与实践价值,兼具学科趋势与社会发展	○	○	○
		纵深度C27′	厘清本课程的核心原理,把握本学科的思维方法,具备"跳一跳够得着"的挑战度,下探学术研究的理论深度,下探真实市场的应用深度	○	○	○
		思辨度C28′	提供思辨能力的培育空间,鼓励学生对教学内容进行自主探究、自主分析、自主判断,营造平等的学习氛围,引导学生交流合作,注重培养学生的逻辑思维、批判思维、创新思维	○	○	○
	教学资源B10′	多模态交互化C29′	呈现以视频、音频、图片、文本等方式交互的富媒体资源,融合视觉、听觉、触觉等多模态感官,强化学生的参与感,有效促进学生深度学习	○	○	○
		可选取层级化C30′	给予不同教学内容分区化的教学资源,给予同一教学内容难度分层化的教学资源,合理拓展资源难度跨度,适度提高资源难度上限,保证教学资源的分区与分层清晰可见、便于选择	○	○	○
		追踪式迭代化C31′	能够持续更新现有资源,及时补充空缺资源,能够根据学习进程或学习环境实时推送相关的全新资源,保证教学资源实现内容迭代、形式迭代、应用迭代	○	○	○

一级指标	二级指标	三级指标	指标描述	准确	修改后准确	不准确
智慧教学实施 A4′	教学活动 B11′	多样性 C32′	组织头脑风暴、案例探究、情景模拟、实验操作、辩论比赛等多元化的教学活动,保证教学活动的选取与具体的教学目标及教学内容相匹配	○	○	○
		互动性 C33′	利用智慧教学环境,创设沉浸式情境,提供全流程衔接的即时互动机会,满足师生互动与生生互动的交叉互动需求,强化学生的参与感,调动学生的主体性	○	○	○
		灵活性 C34′	把控课堂进程,能够根据实际时间合理调整活动环节,能够根据实际进展合理调整活动方式	○	○	○
		生成性 C35′	提供生成性土壤,鼓励学生提出生成性问题,及时准确捕提生成性问题,指导学生深入探究生成性问题,能够在课上或课后针对生成性问题进行深入讨论与全面解答	○	○	○
		延展性 C36′	具备时间上的延伸性,活动流程涉及课前、课中、课后等多阶段;具备内容上的拓展性,活动范围涉及课程任务、调研项目、科研课题、专业论文、创业比赛、实践实操等多领域	○	○	○
智慧教学反馈 A5′	教学过程反馈 B12′	动态实时把控 C37′	利用智慧教学平台及教辅软件实现对学生及学习环节的全面追踪,制定综合考量学生的实时进程与综合状态的个性化干预方案,及时提供必要的干预措施	○	○	○

续表

一级 指标	二级 指标	三级指标	指标描述	准确	修改后 准确	不准确
智慧 教学 反馈 A5′	教学 过程 反馈 B12′	大数据分析 C38′	利用智慧教学平台及教辅软件精准分析共性问题、薄弱环节、重点难点、后进个体,实现全面释疑、专项指导、重点讲解、难点突破、个体提升的锚定式教学	○	○	○
		双域双频沟通 C39′	提供公域沟通渠道,建立公开的师生沟通、生生沟通方式,提供私域沟通渠道,确保学生拥有匿名沟通的权利,提供同频沟通机会,保障重要问题得到及时回应,提供异频沟通机会,保障机动问题能够全程反馈	○	○	○
	教学 结果 反馈 B13′	客观成绩 C40′	呈现正态分布的整体态势,能够有效选拔优秀并甄别落后,成绩均值及中位数能够较传统教学实现一定的提升	○	○	○
		主观感受 C41′	拥有较高的出勤率与学生满意度,达成通过该门课程有实际收获与能力进步的学生自我认知,能够激发多数学生继续学习相关课程的兴趣,能够引导少数学生产生深入钻研相关专业的意愿	○	○	○
		反思调整 C42′	能够在教学过程中根据多方、多角度反馈及时调整进度计划与内容安排,能够在课程结束后根据立体化、全面化、系统化的反馈有针对性地调整下一轮次的智慧教学设计与智慧教学实施	○	○	○

【第三部分】

1. 请问您对以上问题的判断依据是？

　　○实践经验　　　○理论分析　　　○同行了解　　　○直觉

2. 请问您对"高校智慧教学实践效果评价指标体系构建"的熟悉程度是？

　　○非常熟悉　　　○熟悉　　　　　○一般　　　　　○不熟悉

智慧教学改革效果评价指标体系
第二轮专家匿名函询问卷

尊敬的专家学者：

　　您好！

　　本研究根据第一轮专家匿名函询问卷的意见与建议对初步构建的高等院校"IE-CES智慧教学改革效果评价指标体系框架"做出了相应的调整并形成了"IE-CES智慧教学改革效果评价指标体系（一轮修订）"，具体包含智慧教学环境、智慧教学素养、智慧教学设计、智慧教学实施以及智慧教学反馈5个一级指标，下辖13个二级指标与47个三级指标。特此向您征询关于以上指标合适性以及指标描述准确性的意见与建议，您的反馈对后续研究的顺利开展具有十分重要的影响！

【第一部分】

　　请判断各一级指标下细化的二级指标与三级指标是否合适，并勾选相应的选项。若勾选"修改后合适"或"不合适"请在弹出的方框内填写具体的意见或建议。

一级指标	二级指标	三级指标	指标描述	合适	修改后合适	不合适
智慧教学环境A1″	硬环境B1″	校园无线网络C1″	拥有全面覆盖校园的无线网络,速度流畅稳定	○	○	○
		智慧教学设备C2″	配备数量充足的电脑、平板电脑、智能手机等设备,保证每位教学参与者都有与教学需要相适应的智慧教学设备,同时保证各设备的性能达标,能够正常应用智慧教学平台及教辅软件的所有功能	○	○	○
		智慧教学教室C3″	拥有可投入使用的智慧教室,可以通过物联网实现环境管理等功能,能够全面支持智慧教学的信息技术需求	○	○	○
	软环境B2″	智慧教学平台C4″	兼容常见系统,兼容电脑、平板电脑、智能手机等设备,集成实时追踪、大数据分析、精准推送、同步互动、多屏协作等功能,包含直播课程、录播课程、习题测验、讨论专区等模块,支持常见文件格式,界面设计合理、操作便捷、运行稳定	○	○	○
		智慧教学教辅软件C5″	兼容常见系统,集成实时追踪、大数据分析、精准推送、同步互动等功能,支持头脑风暴、抢答、投票等多种智慧教学活动,支持常见文件格式,界面设计合理、操作便捷、运行稳定	○	○	○
智慧教学素养A2″	教师素养B3″	智慧教学意识C6″	认同信息技术对教学的重要性,了解智慧教学的基本理念,熟悉"线上+线下"混合教学、翻转课堂等教学改革内容,具备主动采取智慧教学的意识	○	○	○

一级指标	二级指标	三级指标	指标描述	合适	修改后合适	不合适
智慧教学素养 A2″	教师素养 B3″	智慧教学能力 C7″	能够有机融合信息技术与教学,能够在教学实践过程中全面设计并实施智慧教学,能够在智慧教学中结合对本学科及本课程的认识,具备教学设计的创新意识与教学实践的独特性	○	○	○
		智慧教学水平 C8″	能够独立使用智慧教室,熟练应用智慧教学设备,自如运用智慧教学平台及教辅软件,了解慕课、微课、数字教材等多种智慧教学资源,能够顺利开展智慧教学所需的各种教学活动	○	○	○
	学生素养 B4″	主观能动性 C9″	具备主动摄入新知识的意愿并能以相应的学习行为支持这一意愿,能够根据要求自行规划学习进度、安排学习时间	○	○	○
		自主学习能力 C10″	具备一定的思辨能力,能够在自主学习过程中有效理解新知识,能够分辨自己对各个知识点的掌握程度,有旺盛的求知欲和进取的钻研精神,能够主动探索自主学习过程中遇到的问题	○	○	○
		信息化水平 C11″	能够自如运用互联网搜寻所需信息,熟练应用各种智慧学习设备,能够在演示后正确使用智慧教室,能够在讲解后充分利用智慧教学平台及教辅软件	○	○	○
智慧教学设计 A3″	教学目标 B5″	以学生为中心 C12″	秉持"以学生为中心"的原则,体现学生的主体地位,保证各级教学目标均以学生的发展为归宿点	○	○	○

一级指标	二级指标	三级指标	指标描述	合适	修改后合适	不合适
智慧教学设计A3″	教学目标B5″	与人才培养方案相符C13″	符合学校的办学定位，符合学院、系、专业在人才培养方案中对该门课程的具体要求，符合对学生所在学年、学期的相关要求	○	○	○
		三位一体C14″	融合知识与技能、过程与方法、情感态度与价值观三个方面，重视解决复杂问题的高阶能力目标，突出立德树人的育人目标	○	○	○
		一贯性C15″	保证整体教学目标与章、节、知识点的教学目标之间的一致性与连贯性，实现阶段目标服务于总体目标，强化学科思维的动态发展	○	○	○
		可分化C16″	划分教学目标的层级，制定针对全体学生、大部分学生、小部分学生的分化教学目标，明确层级间的逻辑关系与内在联系	○	○	○
		可度量C17″	采用具体、清晰的外显化行为动词准确表述教学目标，确保教学目标可观察、可衡量、可评价	○	○	○
	教学流程B6″	理论基础的智慧化植入C18″	抓取新知与旧识的交点，激活原有知识，联结全新知识，实现在已学知识的背景下理解并摄取新知识	○	○	○
		思维体系的智慧化构建C19″	突破记忆与运用的瓶颈，引导学生主动提取记忆，建构并完善知识体系，实现在原有经验的基础上融入并整合新知识	○	○	○
		行为模式的智慧化塑造C20″	强化理论与实践的衔接，设置现实向、综合型的教学任务和教学活动，倒逼学生调动整体的、系统的、全面的学科理论知识，实现在真实情境的体验中应用并内化新知识	○	○	○

一级 指标	二级 指标	三级指标	指标描述	合适	修改后 合适	不合适
智慧教学设计 A3″	教学方案 B7″	学情分析 C21″	分析开课年级、班级氛围、整体水平等班级学情背景,分析个性特征、学习习惯、知识储备、思维能力、政治观念、生活经验、兴趣倾向等个人学情背景,充分考虑班级独特性与个体差异性	○	○	○
		大纲制定 C22″	制定清晰的章、节大纲,根据教学目标及具体学情恰当地调整教材大纲并合理地突出重点,在课程初期即提供准确可查的学期、月、周、课进度计划	○	○	○
		任务编排 C23″	规划时间明确的学习任务序列,设计问题导向的任务形式,编制处于学生最近发展区的任务内容,充分调动学生的能动性,配套科学合理的考核方案或激励方案以保证任务的完成度	○	○	○
		教学组织 C24″	兼顾全班、小组、个人等多种教学组织形式且比例适中,选择与具体教学内容相适应的组织形式,划分小组时充分考虑学生特征及学生偏好	○	○	○
		教学方法 C25″	运用讲解式、讨论式、互动式、研究式、实践式等多种教学方法且比例适中,选择与具体教学内容相适应的教学方法	○	○	○
	教学考核 B8″	明确性 C26″	说明考核内容、考核方式、考核比重、考核节点等详细信息,在课程初期即制定并公开清晰准确的考核规则	○	○	○

续表

一级指标	二级指标	三级指标	指标描述	合适	修改后合适	不合适
智慧教学设计 A3″	教学考核 B8″	多源性 C27″	包含线上考核、线下考核等多种渠道来源,包含客观题考核、主观题考核等多种形式来源,包含诊断性考核、形成性考核、终结性考核多种时点来源	○	○	○
		复合性 C28″	采用学术论文、书面报告、项目设计、路演、实验等复合性方式,设置个人、小组、矩阵等复合性单元,鼓励学生体验独立者、领导者、被领导者等复合性角色	○	○	○
		立体性 C29″	涵盖知识、能力、情感三个考核维度,综合教师考核、自我评价、生生互评等多个考核方向,全面考核学生的智慧学习结果	○	○	○
智慧教学实施 A4″	教学内容 B9″	适配度 C30″	符合本课程的教学目标,符合本教学班的学情背景,符合具体的教学大纲	○	○	○
		丰容度 C31″	兼具经典理论与前沿研究,兼具典型案例与时代热点,兼具学术内涵与实践价值,兼具学科趋势与社会发展	○	○	○
		纵深度 C32″	厘清本课程的核心原理,把握本学科的思维方法,具备"跳一跳够得着"的挑战度,下探学术研究的理论深度,下探真实市场的应用深度	○	○	○
		思辨度 C33″	提供思辨能力的培育空间,鼓励学生对教学内容进行自主探究、自主分析、自主判断,营造平等的学习氛围,引导学生交流合作,注重培养学生的逻辑思维、批判思维、创新思维	○	○	○

一级指标	二级指标	三级指标	指标描述	合适	修改后合适	不合适
智慧教学实施 A4″	教学资源 B10″	多模态交互化 C34″	呈现以视频、音频、图片、文本等方式交互的富媒体资源,融合视觉、听觉、触觉等多模态感官,强化学生的参与感,有效促进学生深度学习	○	○	○
		可选取层级化 C35″	给予不同教学内容分区化的教学资源,给予同一教学内容难度分层化的教学资源,合理拓展资源难度跨度,适度提高资源难度上限,保证教学资源的分区与分层清晰可见、便于选择	○	○	○
		追踪式迭代化 C36″	能够持续更新现有资源,及时补充空缺资源,能够根据学习进程或学习环境实时推送相关的全新资源,保证教学资源实现内容迭代、形式迭代、应用迭代	○	○	○
	教学活动 B11″	多样性 C37″	组织头脑风暴、案例探究、情景模拟、实验操作、辩论比赛等多元化的教学活动,保证教学活动的选取与具体的教学目标及教学内容相匹配	○	○	○
		互动性 C38″	利用智慧教学环境,创设沉浸式情境,提供全流程衔接的即时互动机会,满足师生互动与生生互动的交叉互动需求,强化学生的参与感,调动学生的主体性	○	○	○
		灵活性 C39″	把控课堂进程,能够根据实际时间合理调整活动环节,能够根据实际进展合理调整活动方式	○	○	○
		生成性 C40″	提供生成性土壤,鼓励学生提出生成性问题,及时准确捕捉生成性问题,指导学生深入探究生成性问题,能够在课上或课后针对生成性问题进行深入讨论与全面解答	○	○	○

一级 指标	二级 指标	三级指标	指标描述	合适	修改后 合适	不合适
智慧 教学 实施 A4″	教学 活动 B11″	延展性 C41″	具备时间上的延伸性,活动流程涉及课前、课中、课后等多阶段;具备内容上的拓展性,活动范围涉及课程任务、调研项目、科研课题、专业论文、创业比赛、实践实操等多领域	○	○	○
智慧 教学 反馈 A5″	教学 过程 反馈 B12″	动态实时把控 C42″	利用智慧教学平台及教辅软件实现对学生及学习环节的全面追踪,制定综合考量学生的实时进程与综合状态的个性化干预方案,及时提供必要的干预措施	○	○	○
		大数据分析 C43″	利用智慧教学平台及教辅软件精准分析共性问题、薄弱环节、重点难点、后进个体,实现全面释疑、专项指导、重点讲解、难点突破、个体提升的锚定式教学	○	○	○
		双域双频沟通 C44″	提供公域沟通渠道,建立公开的师生沟通、生生沟通方式;提供私域沟通渠道,确保学生拥有匿名沟通的权利;提供同频沟通机会,保障重要问题得到及时回应;提供异频沟通机会,保障机动问题能够全程反馈	○	○	○
	教学 结果 反馈 B13″	客观成绩 C45″	呈现正态分布的整体态势,能够有效选拔优秀并甄别落后,成绩均值及中位数能够较传统教学实现一定的提升	○	○	○
		主观感受 C46″	拥有较高的出勤率与学生满意度,达成通过该门课程有实际收获与能力进步的学生自我认知,能够激发多数学生继续学习相关课程的兴趣,能够引导少数学生产生深入钻研相关专业的意愿	○	○	○

一级 指标	二级 指标	三级指标	指标描述	合适	修改后 合适	不合适
智慧 教学 反馈 A5″	教学 结果 反馈 B13″	反思调整 C47″	能够在教学过程中根据多方、多角度反馈及时调整进度计划与内容安排,能够在课程结束后根据立体化、全面化、系统化的反馈有针对性地调整下一轮次的智慧教学设计与智慧教学实施	○	○	○

【第二部分】

请判断各三级指标的指标描述是否准确,并勾选相应的选项。若勾选"修改后准确"或"不准确"请在弹出的方框内填写具体的意见或建议。

一级 指标	二级 指标	三级指标	指标描述	准确	修改后 准确	不准确
智慧 教学 环境 A1″	硬环境 B1″	校园无线网络 C1″	拥有全面覆盖校园的无线网络,速度流畅稳定	○	○	○
		智慧教学设备 C2″	配备数量充足的电脑、平板电脑、智能手机等设备,保证每位教学参与者都有与教学需要相适应的智慧教学设备,同时保证各设备的性能达标,能够正常应用智慧教学平台及教辅软件的所有功能	○	○	○
		智慧教学教室 C3″	拥有可投入使用的智慧教室,可以通过物联网实现环境管理等功能,能够全面支持智慧教学的信息技术需求	○	○	○

续表

一级指标	二级指标	三级指标	指标描述	准确	修改后准确	不准确
智慧教学环境A1″	软环境B2″	智慧教学平台C4″	兼容常见系统,兼容电脑、平板电脑、智能手机等设备,集成实时追踪、大数据分析、精准推送、同步互动、多屏协作等功能,包含直播课程、录播课程、习题测验、讨论专区等模块,支持常见文件格式,界面设计合理,操作便捷,运行稳定	○	○	○
		智慧教学教辅软件C5″	兼容常见系统,集成实时追踪、大数据分析、精准推送、同步互动等功能,支持头脑风暴、抢答、投票等多种智慧教学活动,支持常见文件格式,界面设计合理,操作便捷,运行稳定	○	○	○
智慧教学素养A2″	教师素养B3″	智慧教学意识C6″	认同信息技术对教学的重要性,了解智慧教学的基本理念,熟悉"线上+线下"混合教学、翻转课堂等教学改革内容,具备主动采取智慧教学的意识	○	○	○
		智慧教学能力C7″	能够有机融合信息技术与教学,能够在教学实践过程中全面设计并实施智慧教学,能够在智慧教学中结合对本学科及本课程的认识,具备教学设计的创新意识与教学实践的独特性	○	○	○
		智慧教学水平C8″	能够独立使用智慧教室,熟练应用智慧教学设备,自如运用智慧教学平台及教辅软件,了解慕课、微课、数字教材等多种智慧教学资源,能够顺利开展智慧教学所需的各种教学活动	○	○	○

一级指标	二级指标	三级指标	指标描述	准确	修改后准确	不准确
智慧教学素养 A2″	学生素养 B4″	主观能动性 C9″	具备主动摄入新知识的意愿并能以相应的学习行为支持这一意愿,能够根据要求自行规划学习进度、安排学习时间	○	○	○
		自主学习能力 C10″	具备一定的思辨能力,能够在自主学习过程中有效理解新知识,能够分辨自己对各个知识点的掌握程度,有旺盛的求知欲和进取的钻研精神,能够主动探索自主学习过程中遇到的问题	○	○	○
		信息化水平 C11″	能够自如运用互联网搜寻所需信息,熟练应用各种智慧学习设备,能够在演示后正确使用智慧教室,能够在讲解后充分利用智慧教学平台及教辅软件	○	○	○
智慧教学设计 A3″	教学目标 B5″	以学生为中心 C12″	秉持"以学生为中心"的原则,体现学生的主体地位,保证各级教学目标均以学生的发展为归宿点	○	○	○
		与人才培养方案相符 C13″	符合学校的办学定位,符合学院、系、专业在人才培养方案中对该门课程的具体要求,符合对学生所在学年、学期的相关要求	○	○	○
		三位一体 C14″	融合知识与技能、过程与方法、情感态度与价值观三个方面,重视解决复杂问题的高阶能力目标,突出立德树人的育人目标	○	○	○
		一贯性 C15″	保证整体教学目标与章、节、知识点的教学目标之间的一致性与连贯性,实现阶段目标服务于总体目标,强化学科思维的动态发展	○	○	○

续表

一级指标	二级指标	三级指标	指标描述	准确	修改后准确	不准确
智慧教学设计A3″	教学目标B5″	可分化C16″	划分教学目标的层级,制定针对全体学生、大部分学生、小部分学生的分化教学目标,明确层级间的逻辑关系与内在联系	○	○	○
		可度量C17″	采用具体、清晰的外显化行为动词准确表述教学目标,确保教学目标可观察、可衡量、可评价	○	○	○
	教学流程B6″	理论基础的智慧化植入C18″	抓取新知与旧识的交点,激活原有知识,联结全新知识,实现在已学知识的背景下理解并摄取新知识	○	○	○
		思维体系的智慧化构建C19″	突破记忆与运用的瓶颈,引导学生主动提取记忆,建构并完善知识体系,实现在原有经验的基础上融入并整合新知识	○	○	○
		行为模式的智慧化塑造C20″	强化理论与实践的衔接,设置现实向、综合型的教学任务和教学活动,倒逼学生调动整体的、系统的、全面的学科理论知识,实现在真实情境的体验中应用并内化新知识	○	○	○
	教学方案B7″	学情分析C21″	分析开课年级、班级氛围、整体水平等班级学情背景,分析个性特征、学习习惯、知识储备、思维能力、政治观念、生活经验、兴趣倾向等个人学情背景,充分考虑班级独特性与个体差异性	○	○	○
		大纲制定C22″	制定清晰的章、节大纲,根据教学目标及具体学情恰当地调整教材大纲并合理地突出重点,在课程初期即提供准确可查的学期、月、周、课进度计划	○	○	○

一级指标	二级指标	三级指标	指标描述	准确	修改后准确	不准确
智慧教学设计 A3″	教学方案 B7″	任务编排 C23″	规划时间明确的学习任务序列,设计问题导向的任务形式,编制处于学生最近发展区的任务内容,充分调动学生的能动性,配套科学合理的考核方案或激励方案以保证任务的完成度	○	○	○
		教学组织 C24″	兼顾全班、小组、个人等多种教学组织形式且比例适中,选择与具体教学内容相适应的组织形式,划分小组时充分考虑学生特征及学生偏好	○	○	○
		教学方法 C25″	运用讲解式、讨论式、互动式、研究式、实践式等多种教学方法且比例适中,选择与具体教学内容相适应的教学方法	○	○	○
	教学考核 B8″	明确性 C26″	说明考核内容、考核方式、考核比重、考核节点等详细信息,在课程初期即制定并公开清晰准确的考核规则	○	○	○
		多源性 C27″	包含线上考核、线下考核等多种渠道来源,包含客观题考核、主观题考核等多种形式来源,包含诊断性考核、形成性考核、终结性考核多种时点来源	○	○	○
		复合性 C28″	采用学术论文、书面报告、项目设计、路演、实验等复合性方式,设置个人、小组、矩阵等复合性单元,鼓励学生体验独立者、领导者、被领导者等复合性角色	○	○	○
		立体性 C29″	涵盖知识、能力、情感三个考核维度,综合教师考核、自我评价、生生互评等多个考核方向,全面考核学生的智慧学习结果	○	○	○

续表

一级指标	二级指标	三级指标	指标描述	准确	修改后准确	不准确
智慧教学实施 A4″	教学内容 B9″	适配度 C30″	符合本课程的教学目标,符合本教学班的学情背景,符合具体的教学大纲	○	○	○
		丰容度 C31″	兼具经典理论与前沿研究,兼具典型案例与时代热点,兼具学术内涵与实践价值,兼具学科趋势与社会发展	○	○	○
		纵深度 C32″	厘清本课程的核心原理,把握本学科的思维方法,具备"跳一跳够得着"的挑战度,下探学术研究的理论深度,下探真实市场的应用深度	○	○	○
		思辨度 C33″	提供思辨能力的培育空间,鼓励学生对教学内容进行自主探究、自主分析、自主判断,营造平等的学习氛围,引导学生交流合作,注重培养学生的逻辑思维、批判思维、创新思维	○	○	○
	教学资源 B10″	多模态交互化 C34″	呈现以视频、音频、图片、文本等方式交互的富媒体资源,融合视觉、听觉、触觉等多模态感官,强化学生的参与感,有效促进学生深度学习	○	○	○
		可选取层级化 C35″	给予不同教学内容分区化的教学资源,给予同一教学内容难度分层化的教学资源,合理拓展资源难度跨度,适度提高资源难度上限,保证教学资源的分区与分层清晰可见、便于选择	○	○	○

一级指标	二级指标	三级指标	指标描述	准确	修改后准确	不准确
智慧教学实施 A4″	教学资源 B10″	追踪式迭代化 C36″	能够持续更新现有资源,及时补充空缺资源,能够根据学习进程或学习环境实时推送相关的全新资源,保证教学资源实现内容迭代、形式迭代、应用迭代	○	○	○
	教学活动 B11″	多样性 C37″	组织头脑风暴、案例探究、情景模拟、实验操作、辩论比赛等多元化的教学活动,保证教学活动的选取与具体的教学目标及教学内容相匹配	○	○	○
		互动性 C38″	利用智慧教学环境,创设沉浸式情境,提供全流程衔接的即时互动机会,满足师生互动与生生互动的交叉互动需求,强化学生的参与感,调动学生的主体性	○	○	○
		灵活性 C39″	把控课堂进程,能够根据实际时间合理调整活动环节,能够根据实际进展合理调整活动方式	○	○	○
		生成性 C40″	提供生成性土壤,鼓励学生提出生成性问题,及时准确捕捉生成性问题,指导学生深入探究生成性问题,能够在课上或课后针对生成性问题进行深入讨论与全面解答	○	○	○
		延展性 C41″	具备时间上的延伸性,活动流程涉及课前、课中、课后等多阶段;具备内容上的拓展性,活动范围涉及课程任务、调研项目、科研课题、专业论文、创业比赛、实践实操等多领域	○	○	○

一级指标	二级指标	三级指标	指标描述	准确	修改后准确	不准确
智慧教学反馈 A5″	教学过程反馈 B12″	动态实时把控 C42″	利用智慧教学平台及教辅软件实现对学生及学习环节的全面追踪，制定综合考量学生的实时进程与综合状态的个性化干预方案，及时提供必要的干预措施	○	○	○
		大数据分析 C43″	利用智慧教学平台及教辅软件精准分析共性问题、薄弱环节、重点难点、后进个体，实现全面释疑、专项指导、重点讲解、难点突破、个体提升的锚定式教学	○	○	○
		双域双频沟通 C44″	提供公域沟通渠道，建立公开的师生沟通、生生沟通方式，提供私域沟通渠道，确保学生拥有匿名沟通的权利，提供同频沟通机会，保障重要问题得到及时回应，提供异频沟通机会，保障机动问题能够全程反馈	○	○	○
	教学结果反馈 B13″	客观成绩 C45″	呈现正态分布的整体态势，能够有效选拔优秀并甄别落后，成绩均值及中位数能够较传统教学实现一定的提升	○	○	○
		主观感受 C46″	拥有较高的出勤率与学生满意度，达成通过该门课程有实际收获与能力进步的学生自我认知，能够激发多数学生继续学习相关课程的兴趣，能够引导少数学生产生深入钻研相关专业的意愿	○	○	○
		反思调整 C47″	能够在教学过程中根据多方、多角度反馈及时调整进度计划与内容安排，能够在课程结束后根据立体化、全面化、系统化的反馈有针对性地调整下一轮次的智慧教学设计与智慧教学实施	○	○	○

【第三部分】

第一轮匿名函询中具有共性的专家意见与建议整理汇总如下。

对指标本身合适程度的意见与建议包括：①B1′须考虑智慧教学教室，②C6′可以进一步区分能力和水平，③B4′可以增加对学生主观能动性的评价，④B5′应该增加教学目标一致性的指标，⑤B8′要考虑对教学考核渠道以及教学考核时间的评价。

对指标描述准确程度的意见与建议包括：①C1′应增加网络是否稳定的描述，②C6′最好包含教学设计的创新性，③C21′应明确描述教学方法。

智慧教学改革效果评价指标体系
第三轮专家匿名函询问卷

尊敬的专家学者：

您好！

本研究根据第二轮专家匿名函询问卷的意见与建议对高等院校"IE-CES 智慧教学改革效果评价指标体系（一轮修订）"做出了相应的调整并形成了"IE-CES 智慧教学改革效果评价指标体系（二轮修订）"，具体包含智慧教学环境、智慧教学素养、智慧教学设计、智慧教学实施以及智慧教学反馈 5 个一级指标，下辖 13 个二级指标与 46 个三级指标。特此向您征询关于以上指标合适性以及指标描述准确性的意见与建议，您的反馈对后续研究的顺利开展具有十分重要的影响！

【第一部分】

请判断各一级指标下细化的二级指标与三级指标是否合适，并勾选相应的选项。若勾选"修改后合适"或"不合适"请在弹出的方框内填写具体的意见或建议。

一级指标	二级指标	三级指标	指标描述	合适	修改后合适	不合适
智慧教学环境A1‴	硬环境B1‴	校园无线网络C1‴	拥有全面覆盖校园的无线网络，速度流畅稳定	○	○	○
		智慧教学设备C2‴	拥有数量充足的电脑、平板电脑、智能手机等设备，配备数量适当的备用设备，保证每位教学参与者都有与教学需要相适应的智慧教学设备，同时保证各设备的性能达标，能够正常应用智慧教学平台及教辅软件的所有功能	○	○	○
		智慧教室C3‴	拥有可投入使用的智慧教室，可以通过物联网实现环境管理等功能，能够全面支持智慧教学的信息技术需求	○	○	○
	软环境B2‴	智慧教学平台C4‴	兼容常见系统，兼容电脑、平板电脑、智能手机等设备，集成实时追踪、大数据分析、精准推送、同步互动、多屏协作等功能，包含直播课程、录播课程、习题测验、讨论专区等模块，支持常见文件格式，界面设计合理，操作便捷，运行稳定	○	○	○
		智慧教学教辅软件C5‴	兼容常见系统，集成实时追踪、大数据分析、精准推送、同步互动等功能，支持头脑风暴、抢答、投票等多种智慧教学活动，支持常见文件格式，界面设计合理，操作便捷，运行稳定	○	○	○
智慧教学素养A2‴	教师素养B3‴	智慧教学意识C6‴	认同信息技术对教学的重要性，了解智慧教学的基本理念，熟悉"线上+线下"混合教学、翻转课堂等教学改革内容，具备主动采取智慧教学的意识	○	○	○

一级指标	二级指标	三级指标	指标描述	合适	修改后合适	不合适
智慧教学素养A2‴	教师素养B3‴	智慧教学能力C7‴	能够有机融合信息技术与教学,能够在教学实践过程中全面设计并实施智慧教学,能够在智慧教学中结合对本学科及本课程的认识,具备教学设计的创新意识与教学实践的独特性	○	○	○
		智慧教学水平C8‴	能够独立使用智慧教室,熟练应用智慧教学设备,自如运用智慧教学平台及教辅软件,了解慕课、微课、数字教材等多种智慧教学资源,能够顺利开展智慧教学所需的各种教学活动	○	○	○
	学生素养B4‴	主观能动性C9‴	具备主动摄入新知识的意愿并能以相应的学习行为支持这一意愿,能够根据要求自行规划学习进度、安排学习时间	○	○	○
		自主学习能力C10‴	具备一定的思辨能力,能够在自主学习过程中有效理解新知识,能够分辨自己对各个知识点的掌握程度,有旺盛的求知欲和进取的钻研精神,能够主动探索自主学习过程中遇到的问题	○	○	○
		信息化水平C11‴	能够自如运用互联网搜寻所需信息,熟练应用各种智慧学习设备,能够在演示后正确使用智慧教室,能够在讲解后充分利用智慧教学平台及教辅软件	○	○	○
智慧教学设计A3‴	教学目标B5‴	以学生为中心C12‴	秉持"以学生为中心"的原则,体现学生的主体地位,保证各级教学目标均以学生的发展为归宿点	○	○	○

一级 指标	二级 指标	三级指标	指标描述	合适	修改后 合适	不合适
智慧 教学 设计 A3‴	教学 目标 B5‴	与人才培养 方案相符 C13‴	符合学校的办学定位,符合学院、系、专业在人才培养方案中对该门课程的具体要求,符合对学生所在学年、学期的相关要求	○	○	○
		三位一体 C14‴	融合知识与技能、过程与方法、情感态度与价值观三个方面,重视解决复杂问题的高阶能力目标,突出立德树人的育人目标	○	○	○
		一贯性 C15‴	保证整体教学目标与章、节、知识点的教学目标之间的一致性与连贯性,实现阶段目标服务于总体目标,强化学科思维的动态发展	○	○	○
		可度量 C16‴	采用具体、清晰的外显化行为动词准确表述教学目标,确保教学目标可观察、可衡量、可评价	○	○	○
	教学 模块 B6‴	理论基础的 智慧化植入 C17‴	抓取新知与旧识的交点,激活原有知识,联结全新知识,实现在已学知识的背景下理解并摄取新知识	○	○	○
		思维体系的 智慧化构建 C18‴	突破记忆与运用的瓶颈,引导学生主动提取记忆,建构并完善知识体系,实现在原有经验的基础上融入并整合新知识	○	○	○
		行为模式的 智慧化塑造 C19‴	强化理论与实践的衔接,设置现实向、综合型的教学任务和教学活动,倒逼学生调动整体的、系统的、全面的学科理论知识,实现在真实情境的体验中应用并内化新知识	○	○	○
	教学 方案 B7‴	学情分析 C20‴	分析开课年级、班级氛围、整体水平等班级学情背景,分析个性特征、学习习惯、知识储备、思维能力、政治观念、生活经验、兴趣倾向等个人学情背景,充分考虑班级独特性与个体差异性	○	○	○

一级指标	二级指标	三级指标	指标描述	合适	修改后合适	不合适
智慧教学设计 A3‴	教学方案 B7‴	大纲制定 C21‴	制定清晰的章、节大纲,根据教学目标及具体学情恰当地调整教材大纲并合理地突出重点、清晰地标明难点,在课程初期即提供准确可查的学期、月、周、课进度计划	○	○	○
		任务编排 C22‴	规划时间明确的学习任务序列,设计问题导向的任务形式,编制处于学生最近发展区的任务内容,充分调动学生的能动性,配套科学合理的考核方案或激励方案以保证任务的完成度	○	○	○
		教学组织 C23‴	兼顾全班、小组、个人等多种教学组织形式且比例适中,选择与具体教学内容相应的组织形式,划分小组时充分考虑学生特征及学生偏好	○	○	○
		教学方法 C24‴	运用讲解式、讨论式、互动式、研究式、实践式等多种教学方法且比例适中,选择与具体教学内容相适应的教学方法	○	○	○
	教学考核 B8‴	明确性 C25‴	说明考核内容、考核方式、考核比重、考核节点等详细信息,在课程初期即制定并公开清晰准确的考核规则	○	○	○
		多源性 C26‴	包含线上考核、线下考核等多种渠道来源,包含客观题考核、主观题考核等多种形式来源,包含诊断性考核、形成性考核、终结性考核多种时点来源	○	○	○

续表

一级指标	二级指标	三级指标	指标描述	合适	修改后合适	不合适
智慧教学设计 A3‴	教学考核 B8‴	复合性 C27‴	采用学术论文、书面报告、项目设计、路演、实验等复合性方式，设置个人、小组、矩阵等复合性单元，鼓励学生体验独立者、领导者、被领导者等复合性角色	○	○	○
		立体性 C28‴	涵盖知识、能力、情感三个考核维度，综合教师考核、自我评价、生生互评等多个考核方向，全面考核学生的智慧学习结果	○	○	○
智慧教学实施 A4‴	教学内容 B9‴	适配度 C29‴	符合本课程的教学目标，符合本教学班的学情背景，符合具体的教学大纲	○	○	○
		丰容度 C30‴	兼具经典理论与前沿研究，兼具典型案例与时代热点，兼具学术内涵与实践价值，兼具学科趋势与社会发展	○	○	○
		纵深度 C31‴	厘清本课程的核心原理，把握本学科的思维方法，具备"跳一跳够得着"的挑战度，下探学术研究的理论深度，下探真实市场的应用深度	○	○	○
		思辨度 C32‴	提供思辨能力的培育空间，鼓励学生对教学内容进行自主探究、自主分析、自主判断，营造平等的学习氛围，引导学生交流合作，注重培养学生的逻辑思维、批判思维、创新思维	○	○	○
	教学资源 B10‴	多模态交互化 C33‴	呈现以视频、音频、图片、文本等方式交互的富媒体资源，融合视觉、听觉、触觉等多模态感官，强化学生的参与感，有效促进学生深度学习	○	○	○

一级指标	二级指标	三级指标	指标描述	合适	修改后合适	不合适
智慧教学实施 A4‴	教学资源 B10‴	可选取层级化 C34‴	给予不同教学内容分区化的教学资源,给予同一教学内容难度分层化的教学资源,合理拓展资源难度跨度,适度提高资源难度上限,保证教学资源的分区与分层清晰可见、便于选择	○	○	○
		追踪式迭代化 C35‴	能够持续更新现有资源,及时补充空缺资源,能够积极引导学生参与资源的收集、更新与补充,能够根据学习进程或学习环境实时推送相关的全新资源,保证教学资源实现内容迭代、形式迭代、应用迭代	○	○	○
	教学活动 B11‴	多样性 C36‴	组织头脑风暴、案例探究、情景模拟、实验操作、辩论比赛等多元化的教学活动,保证教学活动的选取与具体的教学目标及教学内容相匹配	○	○	○
		互动性 C37‴	利用智慧教学环境,创设沉浸式情境,提供全流程衔接的即时互动机会,满足师生互动与生生互动的交叉互动需求,强化学生的参与感,调动学生的主体性	○	○	○
		灵活性 C38‴	把控课堂进程,能够根据实际时间合理调整活动环节,能够根据实际进展合理调整活动方式	○	○	○
		生成性 C39‴	提供生成性土壤,鼓励学生提出生成性问题,及时准确捕捉生成性问题,指导学生深入探究生成性问题,能够在课上或课后针对生成性问题进行深入讨论与全面解答	○	○	○
		延展性 C40‴	具备时间上的延伸性,活动流程涉及课前、课中、课后等多阶段;具备内容上的拓展性,活动范围涉及课程任务、调研项目、科研课题、专业论文、创业比赛、实践实操等多领域	○	○	○

一级指标	二级指标	三级指标	指标描述	合适	修改后合适	不合适
智慧教学反馈 A5‴	教学过程反馈 B12‴	动态实时把控 C41‴	利用智慧教学平台及教辅软件实现对学生及学习环节的全面追踪，制定综合考量学生的实时进程与综合状态的个性化干预方案，及时提供必要的干预措施	○	○	○
		大数据分析 C42‴	利用智慧教学平台及教辅软件精准分析共性问题、薄弱环节、重点难点、后进个体，实现全面释疑、专项指导、重点讲解、难点突破、个体提升的锚定式教学	○	○	○
		双域双频沟通 C43‴	提供公域沟通渠道，建立公开的师生沟通、生生沟通方式，提供私域沟通渠道，确保学生拥有匿名沟通的权利，提供同频沟通机会，保障重要问题得到及时回应，提供异频沟通机会，保障机动问题能够全程反馈	○	○	○
	教学结果反馈 B13‴	客观成绩 C44‴	呈现正态分布的整体态势，能够有效选拔优秀并甄别落后，成绩均值及中位数能够较传统教学实现一定的提升	○	○	○
		主观感受 C45‴	拥有较高的出勤率与学生满意度，达成通过该门课程有实际收获与能力进步的学生自我认知，能够激发多数学生继续学习相关课程的兴趣，能够引导少数学生产生深入钻研相关专业的意愿	○	○	○
		反思调整 C46‴	能够在教学过程中根据多方、多角度反馈及时调整进度计划与内容安排，能够在课程结束后根据立体化、全面化、系统化的反馈有针对性地调整下一轮次的智慧教学设计与智慧教学实施	○	○	○

【第二部分】

　　请判断各三级指标的指标描述是否准确，并勾选相应的选项。若勾选"修改后准确"或"不准确"请在弹出的方框内填写具体的意见或建议。

一级指标	二级指标	三级指标	指标描述	准确	修改后准确	不准确
智慧教学环境 A1′′′	硬环境 B1′′′	校园无线网络 C1′′′	拥有全面覆盖校园的无线网络，速度流畅稳定	○	○	○
		智慧教学设备 C2′′′	拥有数量充足的电脑、平板电脑、智能手机等设备，配备数量适当的备用设备，保证每位教学参与者都有与教学需要相适应的智慧教学设备，同时保证各设备的性能达标，能够正常应用智慧教学平台及教辅软件的所有功能	○	○	○
		智慧教室 C3′′′	拥有可投入使用的智慧教室，可以通过物联网实现环境管理等功能，能够全面支持智慧教学的信息技术需求	○	○	○
	软环境 B2′′′	智慧教学平台 C4′′′	兼容常见系统，兼容电脑、平板电脑、智能手机等设备，集成实时追踪、大数据分析、精准推送、同步互动、多屏协作等功能，包含直播课程、录播课程、习题测验、讨论专区等模块，支持常见文件格式，界面设计合理，操作便捷，运行稳定	○	○	○
		智慧教学教辅软件 C5′′′	兼容常见系统，集成实时追踪、大数据分析、精准推送、同步互动等功能，支持头脑风暴、抢答、投票等多种智慧教学活动，支持常见文件格式，界面设计合理，操作便捷，运行稳定	○	○	○

续表

一级指标	二级指标	三级指标	指标描述	准确	修改后准确	不准确
智慧教学素养 A2‴	教师素养 B3‴	智慧教学意识 C6‴	认同信息技术对教学的重要性,了解智慧教学的基本理念,熟悉"线上+线下"混合教学、翻转课堂等教学改革内容,具备主动采取智慧教学的意识	○	○	○
		智慧教学能力 C7‴	能够有机融合信息技术与教学,能够在教学实践过程中全面设计并实施智慧教学,能够在智慧教学中结合对本学科及本课程的认识,具备教学设计的创新意识与教学实践的独特性	○	○	○
		智慧教学水平 C8‴	能够独立使用智慧教室,熟练应用智慧教学设备,自如运用智慧教学平台及教辅软件,了解慕课、微课、数字教材等多种智慧教学资源,能够顺利开展智慧教学所需的各种教学活动	○	○	○
	学生素养 B4‴	主观能动性 C9‴	具备主动摄入新知识的意愿并能以相应的学习行为支持这一意愿,能够根据要求自行规划学习进度、安排学习时间	○	○	○
		自主学习能力 C10‴	具备一定的思辨能力,能够在自主学习过程中有效理解新知识,能够分辨自己对各个知识点的掌握程度,有旺盛的求知欲和进取的钻研精神,能够主动探索自主学习过程中遇到的问题	○	○	○
		信息化水平 C11‴	能够自如运用互联网搜寻所需信息,熟练应用各种智慧学习设备,能够在演示后正确使用智慧教室,能够在讲解后充分利用智慧教学平台及教辅软件	○	○	○

一级指标	二级指标	三级指标	指标描述	准确	修改后准确	不准确
智慧教学设计A3‴	教学目标B5‴	以学生为中心C12‴	秉持"以学生为中心"的原则,体现学生的主体地位,保证各级教学目标均以学生的发展为归宿点	○	○	○
		与人才培养方案相符C13‴	符合学校的办学定位,符合学院、系、专业在人才培养方案中对该门课程的具体要求,符合对学生所在学年、学期的相关要求	○	○	○
		三位一体C14‴	融合知识与技能、过程与方法、情感态度与价值观三个方面,重视解决复杂问题的高阶能力目标,突出立德树人的育人目标	○	○	○
		一贯性C15‴	保证整体教学目标与章、节、知识点的教学目标之间的一致性与连贯性,实现阶段目标服务于总体目标,强化学科思维的动态发展	○	○	○
		可度量C16‴	采用具体、清晰的外显化行为动词准确表述教学目标,确保教学目标可观察、可衡量、可评价	○	○	○
	教学模块B6‴	理论基础的智慧化植入C17‴	抓取新知与旧识的交点,激活原有知识,联结全新知识,实现在已学知识的背景下理解并摄取新知识	○	○	○
		思维体系的智慧化构建C18‴	突破记忆与运用的瓶颈,引导学生主动提取记忆,建构并完善知识体系,实现在原有经验的基础上融入并整合新知识	○	○	○
		行为模式的智慧化塑造C19‴	强化理论与实践的衔接,设置现实向、综合型的教学任务和教学活动,倒逼学生调动整体的、系统的、全面的学科理论知识,实现在真实情境的体验中应用并内化新知识	○	○	○

续表

一级指标	二级指标	三级指标	指标描述	准确	修改后准确	不准确
智慧教学设计A3'''	教学方案B7'''	学情分析C20'''	分析开课年级、班级氛围、整体水平等班级学情背景,分析个性特征、学习习惯、知识储备、思维能力、政治观念、生活经验、兴趣倾向等个人学情背景,充分考虑班级独特性与个体差异性	○	○	○
		大纲制定C21'''	制定清晰的章、节大纲,根据教学目标及具体学情恰当地调整教材大纲并合理地突出重点、清晰地标明难点,在课程初期即提供准确可查的学期、月、周、课进度计划	○	○	○
		任务编排C22'''	规划时间明确的学习任务序列,设计问题导向的任务形式,编制处于学生最近发展区的任务内容,充分调动学生的能动性,配套科学合理的考核方案或激励方案以保证任务的完成度	○	○	○
		教学组织C23'''	兼顾全班、小组、个人等多种教学组织形式且比例适中,选择与具体教学内容相适应的组织形式,划分小组时充分考虑学生特征及学生偏好	○	○	○
		教学方法C24'''	运用讲解式、讨论式、互动式、研究式、实践式等多种教学方法且比例适中,选择与具体教学内容相适应的教学方法	○	○	○
	教学考核B8'''	明确性C25'''	说明考核内容、考核方式、考核比重、考核节点等详细信息,在课程初期即制定并公开清晰准确的考核规则	○	○	○

一级指标	二级指标	三级指标	指标描述	准确	修改后准确	不准确
智慧教学设计 A3‴	教学考核 B8‴	多源性 C26‴	包含线上考核、线下考核等多种渠道来源，包含客观题考核、主观题考核等多种形式来源，包含诊断性考核、形成性考核、终结性考核多种时点来源	○	○	○
		复合性 C27‴	采用学术论文、书面报告、项目设计、路演、实验等复合性方式，设置个人、小组、矩阵等复合性单元，鼓励学生体验独立者、领导者、被领导者等复合性角色	○	○	○
		立体性 C28‴	涵盖知识、能力、情感三个考核维度，综合教师考核、自我评价、生生互评等多个考核方向，全面考核学生的智慧学习结果	○	○	○
智慧教学实施 A4‴	教学内容 B9‴	适配度 C29‴	符合本课程的教学目标，符合本教学班的学情背景，符合具体的教学大纲	○	○	○
		丰容度 C30‴	兼具经典理论与前沿研究，兼具典型案例与时代热点，兼具学术内涵与实践价值，兼具学科趋势与社会发展	○	○	○
		纵深度 C31‴	厘清本课程的核心原理，把握本学科的思维方法，具备"跳一跳够得着"的挑战度，下探学术研究的理论深度，下探真实市场的应用深度	○	○	○
		思辨度 C32‴	提供思辨能力的培育空间，鼓励学生对教学内容进行自主探究、自主分析、自主判断，营造平等的学习氛围，引导学生交流合作，注重培养学生的逻辑思维、批判思维、创新思维	○	○	○

续表

一级指标	二级指标	三级指标	指标描述	准确	修改后准确	不准确
智慧教学实施A4‴	教学资源B10‴	多模态交互化C33‴	呈现以视频、音频、图片、文本等方式交互的富媒体资源，融合视觉、听觉、触觉等多模态感官，强化学生的参与感，有效促进学生深度学习	○	○	○
		可选取层级化C34‴	给予不同教学内容分区化的教学资源，给予同一教学内容难度分层化的教学资源，合理拓展资源难度跨度，适度提高资源难度上限，保证教学资源的分区与分层清晰可见、便于选择	○	○	○
		追踪式迭代化C35‴	能够持续更新现有资源，及时补充空缺资源，能够积极引导学生参与资源的收集、更新与补充，能够根据学习进程或学习环境实时推送相关的全新资源，保证教学资源实现内容迭代、形式迭代、应用迭代	○	○	○
	教学活动B11‴	多样性C36‴	组织头脑风暴、案例探究、情景模拟、实验操作、辩论比赛等多元化的教学活动，保证教学活动的选取与具体的教学目标及教学内容相匹配	○	○	○
		互动性C37‴	利用智慧教学环境，创设沉浸式情境，提供全流程衔接的即时互动机会，满足师生互动与生生互动的交叉互动需求，强化学生的参与感，调动学生的主体性	○	○	○
		灵活性C38‴	把控课堂进程，能够根据实际时间合理调整活动环节，能够根据实际进展合理调整活动方式	○	○	○

一级指标	二级指标	三级指标	指标描述	准确	修改后准确	不准确
智慧教学实施 A4‴	教学活动 B11‴	生成性 C39‴	提供生成性土壤,鼓励学生提出生成性问题,及时准确捕捉生成性问题,指导学生深入探究生成性问题,能够在课上或课后针对生成性问题进行深入讨论与全面解答	○	○	○
		延展性 C40‴	具备时间上的延伸性,活动流程涉及课前、课中、课后等多阶段;具备内容上的拓展性,活动范围涉及课程任务、调研项目、科研课题、专业论文、创业比赛、实践实操等多领域	○	○	○
智慧教学反馈 A5‴	教学过程反馈 B12‴	动态实时把控 C41‴	利用智慧教学平台及教辅软件实现对学生及学习环节的全面追踪,制定综合考量学生的实时进程与综合状态的个性化干预方案,及时提供必要的干预措施	○	○	○
		大数据分析 C42‴	利用智慧教学平台及教辅软件精准分析共性问题、薄弱环节、重点难点、后进个体,实现全面释疑、专项指导、重点讲解、难点突破、个体提升的锚定式教学	○	○	○
		双域双频沟通 C43‴	提供公域沟通渠道,建立公开的师生沟通、生生沟通方式,提供私域沟通渠道,确保学生拥有匿名沟通的权利,提供同频沟通机会,保障重要问题得到及时回应,提供异频沟通机会,保障机动问题能够全程反馈	○	○	○
	教学结果反馈 B13‴	客观成绩 C44‴	呈现正态分布的整体态势,能够有效选拔优秀并甄别落后,成绩均值及中位数能够较传统教学实现一定的提升	○	○	○

续表

一级指标	二级指标	三级指标	指标描述	准确	修改后准确	不准确
智慧教学反馈 A5‴	教学结果反馈 B13‴	主观感受 C45‴	拥有较高的出勤率与学生满意度，达成通过该门课程有实际收获与能力进步的学生自我认知，能够激发多数学生继续学习相关课程的兴趣，能够引导少数学生产生深入钻研相关专业的意愿	○	○	○
		反思调整 C46‴	能够在教学过程中根据多方、多角度反馈及时调整进度计划与内容安排，能够在课程结束后根据立体化、全面化、系统化的反馈有针对性地调整下一轮次的智慧教学设计与智慧教学实施	○	○	○

【第三部分】

第二轮匿名函询中具有共性的专家意见与建议整理汇总如下。

对指标本身合适程度的意见与建议包括：①C3″可以简化为智慧教室，②C16″不具备必要性且不好理解故建议剔除，③B6″名称不够贴切。

对指标描述准确程度的意见与建议包括：①C2″中"配备"一词的主体不明确且全部由学校配备不现实，②C22″要考虑难点，③C36″可以加入对于学生适当参与教学资源收集的评价。

智慧教学改革效果评价指标体系的
指标重要程度问卷

尊敬的专家学者：

您好！

本研究通过三轮专家匿名函询，确定了高等院校"IE-CES智慧教学改革效果评价指标体系"，具体包含智慧教学环境、智慧教学素养、智慧教学设计、智慧教学实施以及智慧教学反馈 5 个一级指标，下辖 13 个二级指标与 46 个三级指标，特此向您征询关于以上指标重要程度的意见与建议，您的反馈对后续研究的顺利开展具有十分重要的影响！

请判断各三级指标的重要程度，并勾选相应的选项。

一级指标	二级指标	三级指标	指标描述	非常重要	比较重要	一般重要	不太重要	不重要
智慧教学环境 A1	硬环境 B1	校园无线网络 C1	拥有全面覆盖校园的无线网络，速度流畅稳定	○	○	○	○	○
		智慧教学设备 C2	拥有数量充足的电脑、平板电脑、智能手机等设备，配备数量适当的备用设备，保证每位教学参与者都有与教学需要相适应的智慧教学设备，同时保证各设备的性能达标，能够正常应用智慧教学平台及教辅软件的所有功能	○	○	○	○	○
		智慧教室 C3	拥有可投入使用的智慧教室，可以通过物联网实现环境管理等功能，能够全面支持智慧教学的信息技术需求	○	○	○	○	○
	软环境 B2	智慧教学平台 C4	兼容常见系统，兼容电脑、平板电脑、智能手机等设备，集成实时追踪、大数据分析、精准推送、同步互动、多屏协作等功能，包含直播课程、录播课程、习题测验、讨论专区等模块，支持常见文件格式，界面设计合理，操作便捷，运行稳定	○	○	○	○	○
		智慧教学教辅软件 C5	兼容常见系统，集成实时追踪、大数据分析、精准推送、同步互动等功能，支持头脑风暴、抢答、投票等多种智慧教学活动，支持常见文件格式，界面设计合理，操作便捷，运行稳定	○	○	○	○	○

续表

一级 指标	二级 指标	三级指标	指标描述	非常 重要	比较 重要	一般 重要	不太 重要	不 重要
智慧 教学 素养 A2	教师 素养 B3	智慧教学意识 C6	认同信息技术对教学的重要性,了解智慧教学的基本理念,熟悉"线上+线下"混合教学、翻转课堂等教学改革内容,具备主动采取智慧教学的意识	○	○	○	○	○
		智慧教学能力 C7	能够有机融合信息技术与教学,能够在教学实践过程中全面设计并实施智慧教学,能够在智慧教学中结合对本学科及本课程的认识,具备教学设计的创新意识与教学实践的独特性	○	○	○	○	○
		智慧教学水平 C8	能够独立使用智慧教室,熟练应用智慧教学设备,自如运用智慧教学平台及教辅软件,了解慕课、微课、数字教材等多种智慧教学资源,能够顺利开展智慧教学所需的各种教学活动	○	○	○	○	○
	学生 素养 B4	主观能动性 C9	具备主动摄入新知识的意愿并能以相应的学习行为支持这一意愿,能够根据要求自行规划学习进度、安排学习时间	○	○	○	○	○
		自主学习能力 C10	具备一定的思辨能力,能够在自主学习过程中有效理解新知识,能够分辨自己对各个知识点的掌握程度,有旺盛的求知欲和进取的钻研精神,能够主动探索自主学习过程中遇到的问题	○	○	○	○	○
		信息化水平 C11	能够自如运用互联网搜寻所需信息,熟练应用各种智慧学习设备,能够在演示后正确使用智慧教室,能够在讲解后充分利用智慧教学平台及教辅软件	○	○	○	○	○

一级指标	二级指标	三级指标	指标描述	非常重要	比较重要	一般重要	不太重要	不重要
智慧教学设计 A3	教学目标 B5	以学生为中心 C12	秉持"以学生为中心"的原则,体现学生的主体地位,保证各级教学目标均以学生的发展为归宿点	○	○	○	○	○
		与人才培养方案相符 C13	符合学校的办学定位,符合学院、系、专业在人才培养方案中对该门课程的具体要求,符合对学生所在学年、学期的相关要求	○	○	○	○	○
		三位一体 C14	融合知识与技能、过程与方法、情感态度与价值观三个方面,重视解决复杂问题的高阶能力目标,突出立德树人的育人目标	○	○	○	○	○
		一贯性 C15	保证整体教学目标与章、节、知识点的教学目标之间的一致性与连贯性,实现阶段目标服务于总体目标,强化学科思维的动态发展	○	○	○	○	○
		可度量 C16	采用具体、清晰的外显化行为动词准确表述教学目标,确保教学目标可观察、可衡量、可评价	○	○	○	○	○
	教学模块 B6	理论基础的智慧化植入 C17	抓取新知与旧识的交点,激活原有知识,联结全新知识,实现在已学知识的背景下理解并摄取新知识	○	○	○	○	○
		思维体系的智慧化构建 C18	突破记忆与运用的瓶颈,引导学生主动提取记忆,建构并完善知识体系,实现在原有经验的基础上融入并整合新知识	○	○	○	○	○
		行为模式的智慧化塑造 C19	强化理论与实践的衔接,设置现实向、综合型的教学任务和教学活动,倒逼学生调动整体的、系统的、全面的学科理论知识,实现在真实情境的体验中应用并内化新知识	○	○	○	○	○

续表

一级指标	二级指标	三级指标	指标描述	非常重要	比较重要	一般重要	不太重要	不重要
智慧教学设计A3	教学方案B7	学情分析C20	分析开课年级、班级氛围、整体水平等班级学情背景，分析个性特征、学习习惯、知识储备、思维能力、政治观念、生活经验、兴趣倾向等个人学情背景，充分考虑班级独特性与个体差异性	○	○	○	○	○
		大纲制定C21	制定清晰的章、节大纲，根据教学目标及具体学情恰当地调整教材大纲并合理地突出重点、清晰地标明难点，在课程初期即提供准确可查的学期、月、周、课进度计划	○	○	○	○	○
		任务编排C22	规划时间明确的学习任务序列，设计问题导向的任务形式，编制处于学生最近发展区的任务内容，充分调动学生的能动性，配套科学合理的考核方案或激励方案以保证任务的完成度	○	○	○	○	○
		教学组织C23	兼顾全班、小组、个人等多种教学组织形式且比例适中，选择与具体教学内容相适应的组织形式，划分小组时充分考虑学生特征及学生偏好	○	○	○	○	○
		教学方法C24	运用讲解式、讨论式、互动式、研究式、实践式等多种教学方法且比例适中，选择与具体教学内容相适应的教学方法	○	○	○	○	○
	教学考核B8	明确性C25	说明考核内容、考核方式、考核比重、考核节点等详细信息，在课程初期即制定并公开清晰准确的考核规则	○	○	○	○	○

216

续表

一级指标	二级指标	三级指标	指标描述	非常重要	比较重要	一般重要	不太重要	不重要
智慧教学设计 A3	教学考核 B8	多源性 C26	包含线上考核、线下考核等多种渠道来源,包含客观题考核、主观题考核等多种形式来源,包含诊断性考核、形成性考核、终结性考核多种时点来源	○	○	○	○	○
		复合性 C27	采用学术论文、书面报告、项目设计、路演、实验等复合性方式,设置个人、小组、矩阵等复合性单元,鼓励学生体验独立者、领导者、被领导者等复合性角色	○	○	○	○	○
		立体性 C28	涵盖知识、能力、情感三个考核维度,综合教师考核、自我评价、生生互评等多个考核方向,全面考核学生的智慧学习结果	○	○	○	○	○
智慧教学实施 A4	教学内容 B9	适配度 C29	符合本课程的教学目标,符合本教学班的学情背景,符合具体的教学大纲	○	○	○	○	○
		丰容度 C30	兼具经典理论与前沿研究,兼具典型案例与时代热点,兼具学术内涵与实践价值,兼具学科趋势与社会发展	○	○	○	○	○
		纵深度 C31	厘清本课程的核心原理,把握本学科的思维方法,具备"跳一跳够得着"的挑战度,下探学术研究的理论深度,下探真实市场的应用深度	○	○	○	○	○
		思辨度 C32	提供思辨能力的培育空间,鼓励学生对教学内容进行自主探究、自主分析、自主判断,营造平等的学习氛围,引导学生交流合作,注重培养学生的逻辑思维、批判思维、创新思维	○	○	○	○	○

续表

一级指标	二级指标	三级指标	指标描述	非常重要	比较重要	一般重要	不太重要	不重要
智慧教学实施A4	教学资源B10	多模态交互化C33	呈现以视频、音频、图片、文本等方式交互的富媒体资源,融合视觉、听觉、触觉等多模态感官,强化学生的参与感,有效促进学生深度学习	○	○	○	○	○
		可选取层级化C34	给予不同教学内容分区化的教学资源,给予同一教学内容难度分层化的教学资源,合理拓展资源难度跨度,适度提高资源难度上限,保证教学资源的分区与分层清晰可见、便于选择	○	○	○	○	○
		追踪式迭代化C35	能够持续更新现有资源,及时补充空缺资源,能够积极引导学生参与资源的收集、更新与补充,能够根据学习进程或学习环境实时推送相关的全新资源,保证教学资源实现内容迭代、形式迭代、应用迭代	○	○	○	○	○
	教学活动B11	多样性C36	组织头脑风暴、案例探究、情景模拟、实验操作、辩论比赛等多元化的教学活动,保证教学活动的选取与具体的教学目标及教学内容相匹配	○	○	○	○	○
		互动性C37	利用智慧教学环境,创设沉浸式情境,提供全流程衔接的即时互动机会,满足师生互动与生生互动的交叉互动需求,强化学生的参与感,调动学生的主体性	○	○	○	○	○
		灵活性C38	把控课堂进程,能够根据实际时间合理调整活动环节,能够根据实际进展合理调整活动方式	○	○	○	○	○

一级指标	二级指标	三级指标	指标描述	非常重要	比较重要	一般重要	不太重要	不重要
智慧教学实施 A4	教学活动 B11	生成性 C39	提供生成性土壤,鼓励学生提出生成性问题,及时准确捕捉生成性问题,指导学生深入探究生成性问题,能够在课上或课后针对生成性问题进行深入讨论与全面解答	○	○	○	○	○
		延展性 C40	具备时间上的延伸性,活动流程涉及课前、课中、课后等多阶段;具备内容上的拓展性,活动范围涉及课程任务、调研项目、科研课题、专业论文、创业比赛、实践实操等多领域	○	○	○	○	○
智慧教学反馈 A5	教学过程反馈 B12	动态实时把控 C41	利用智慧教学平台及教辅软件实现对学生及学习环节的全面追踪,制定综合考量学生的实时进程与综合状态的个性化干预方案,及时提供必要的干预措施	○	○	○	○	○
		大数据分析 C42	利用智慧教学平台及教辅软件精准分析共性问题、薄弱环节、重点难点、后进个体,实现全面释疑、专项指导、重点讲解、难点突破、个体揨升的锚定式教学	○	○	○	○	○
		双域双频沟通 C43	提供公域沟通渠道,建立公开的师生沟通、生生沟通方式,提供私域沟通渠道,确保学生拥有匿名沟通的权利,提供同频沟通机会,保障重要问题得到及时回应,提供异频沟通机会,保障机动问题能够全程反馈	○	○	○	○	○
	教学结果反馈 B13	客观成绩 C44	呈现正态分布的整体态势,能够有效选拔优秀并甄别落后,成绩均值及中位数能够较传统教学实现一定的提升	○	○	○	○	○

续表

一级指标	二级指标	三级指标	指标描述	非常重要	比较重要	一般重要	不太重要	不重要
智慧教学反馈 A5	教学结果反馈 B13	主观感受 C45	拥有较高的出勤率与学生满意度,达成通过该门课程有实际收获与能力进步的学生自我认知,能够激发多数学生继续学习相关课程的兴趣,能够引导少数学生产生深入钻研相关专业的意愿	○	○	○	○	○
		反思调整 C46	能够在教学过程中根据多方、多角度反馈及时调整进度计划与内容安排,能够在课程结束后根据立体化、全面化、系统化的反馈有针对性地调整下一轮次的智慧教学设计与智慧教学实施	○	○	○	○	○

智慧教学改革效果评价指标体系的
信效度分析问卷

各位专家/督导/领导/老师/同学:

您好!

感谢您能抽出时间参与"营销与社会"课程的智慧教学改革效果评价活动,本次评价包括智慧教学环境、智慧教学素养、智慧教学设计、智慧教学实施以及智慧教学反馈 5 个部分,具体分为 13 个方面的 46 个评价题项。请您根据对本门课程的真实感受进行打分,其中 5 代表"该课程在这项指标上做得非常好",1 代表"该课程在这项指标上做得非常不好"。

【课程信息】

❏ 课程名称:营销与社会

❑ 课程编码：MKT110

❑ 授课教师：李茉

❑ 授课模式："线上（在线视频）+线下（翻转课堂）"混合式智慧教学

❑ 在线课程名称：解密市场营销（双语）

❑ 智慧教学平台："智慧树"智慧教学平台

❑ 智慧教学辅助软件：知到 App

一级指标	二级指标	三级指标	指标描述	智慧教学实践效果				
				优秀 5	较好 4	一般 3	较差 2	很差 1
智慧教学环境 A1	硬环境 B1	校园无线网络 C1	拥有全面覆盖校园的无线网络,速度流畅稳定	5	4	3	2	1
		智慧教学设备 C2	拥有数量充足的电脑、平板电脑、智能手机等设备,配备数量适当的备用设备,保证每位教学参与者都有与教学需要相适应的智慧教学设备,同时保证各设备的性能达标,能够正常应用智慧教学平台及教辅软件的所有功能	5	4	3	2	1
		智慧教室 C3	拥有叮投入使用的智慧教室,可以通过物联网实现环境管理等功能,能够全面支持智慧教学的信息技术需求	5	4	3	2	1
	软环境 B2	智慧教学平台 C4	兼容常见系统,兼容电脑、平板电脑、智能手机等设备,集成实时追踪、大数据分析、精准推送、同步互动、多屏协作等功能,包含直播课程、录播课程、习题测验、讨论专区等模块,支持常见文件格式,界面设计合理,操作便捷,运行稳定	5	4	3	2	1

续表

一级指标	二级指标	三级指标	指标描述	智慧教学实践效果				
				优秀 5	较好 4	一般 3	较差 2	很差 1
智慧教学环境 A1	软环境 B2	智慧教学教辅软件 C5	兼容常见系统,集成实时追踪、大数据分析、精准推送、同步互动等功能,支持头脑风暴、抢答、投票等多种智慧教学活动,支持常见文件格式,界面设计合理,操作便捷,运行稳定	5	4	3	2	1
智慧教学素养 A2	教师素养 B3	智慧教学意识 C6	认同信息技术对教学的重要性,了解智慧教学的基本理念,熟悉"线上+线下"混合教学、翻转课堂等教学改革内容,具备主动采取智慧教学的意识	5	4	3	2	1
		智慧教学能力 C7	能够有机融合信息技术与教学,能够在教学实践过程中全面设计并实施智慧教学,能够在智慧教学中结合对本学科及本课程的认识,具备教学设计的创新意识与教学实践的独特性	5	4	3	2	1
		智慧教学水平 C8	能够独立使用智慧教室,熟练应用智慧教学设备,自如运用智慧教学平台及教辅软件,了解慕课、微课、数字教材等多种智慧教学资源,能够顺利开展智慧教学所需的各种教学活动	5	4	3	2	1
	学生素养 B4	主观能动性 C9	具备主动摄入新知识的意愿并能以相应的学习行为支持这一意愿,能够根据要求自行规划学习进度、安排学习时间	5	4	3	2	1

一级指标	二级指标	三级指标	指标描述	智慧教学实践效果				
				优秀 5	较好 4	一般 3	较差 2	很差 1
智慧教学素养 A2	学生素养 B4	自主学习能力 C10	具备一定的思辨能力,能够在自主学习过程中有效理解新知识,能够分辨自己对各个知识点的掌握程度,有旺盛的求知欲和进取的钻研精神,能够主动探索自主学习过程中遇到的问题	5	4	3	2	1
		信息化水平 C11	能够自如运用互联网搜寻所需信息,熟练应用各种智慧学习设备,能够在演示后正确使用智慧教室,能够在讲解后充分利用智慧教学平台及教辅软件	5	4	3	2	1
智慧教学设计 A3	教学目标 B5	以学生为中心 C12	秉持"以学生为中心"的原则,体现学生的主体地位,保证各级教学目标均以学生的发展为归宿点	5	4	3	2	1
		与人才培养方案相符 C13	符合学校的办学定位,符合学院、系、专业在人才培养方案中对该门课程的具体要求,符合对学生所在学年、学期的相关要求	5	4	3	2	1
		三位一体 C14	融合知识与技能、过程与方法、情感态度与价值观三个方面,重视解决复杂问题的高阶能力目标,突出立德树人的育人目标	5	4	3	2	1
		一贯性 C15	保证整体教学目标与章、节、知识点的教学目标之间的一致性与连贯性,实现阶段目标服务于总体目标,强化学科思维的动态发展	5	4	3	2	1

续表

一级指标	二级指标	三级指标	指标描述	智慧教学实践效果				
				优秀 5	较好 4	一般 3	较差 2	很差 1
智慧教学设计 A3	教学目标 B5	可度量 C16	采用具体、清晰的外显化行为动词准确表述教学目标，确保教学目标可观察、可衡量、可评价	5	4	3	2	1
	教学模块 B6	理论基础的智慧化植入 C17	抓取新知与旧识的交点，激活原有知识，联结全新知识，实现在已学知识的背景下理解并摄取新知识	5	4	3	2	1
		思维体系的智慧化构建 C18	突破记忆与运用的瓶颈，引导学生主动提取记忆，建构并完善知识体系，实现在原有经验的基础上融入并整合新知识	5	4	3	2	1
		行为模式的智慧化塑造 C19	强化理论与实践的衔接，设置现实向、综合型的教学任务和教学活动，倒逼学生调动整体的、系统的、全面的学科理论知识，实现在真实情境的体验中应用并内化新知识	5	4	3	2	1
	教学方案 B7	学情分析 C20	分析开课年级、班级氛围、整体水平等班级学情背景，分析个性特征、学习习惯、知识储备、思维能力、政治观念、生活经验、兴趣倾向等个人学情背景，充分考虑班级独特性与个体差异性	5	4	3	2	1
		大纲制定 C21	制定清晰的章、节大纲，根据教学目标及具体学情恰当地调整教材大纲并合理地突出重点、清晰地标明难点，在课程初期即提供准确可查的学期、月、周、课进度计划	5	4	3	2	1

224

一级指标	二级指标	三级指标	指标描述	智慧教学实践效果				
				优秀 5	较好 4	一般 3	较差 2	很差 1
智慧教学设计 A3	教学方案 B7	任务编排 C22	规划时间明确的学习任务序列,设计问题导向的任务形式,编制处于学生最近发展区的任务内容,充分调动学生的能动性,配套科学合理的考核方案或激励方案以保证任务的完成度	5	4	3	2	1
		教学组织 C23	兼顾全班、小组、个人等多种教学组织形式且比例适中,选择与具体教学内容相适应的组织形式,划分小组时充分考虑学生特征及学生偏好	5	4	3	2	1
		教学方法 C24	运用讲解式、讨论式、互动式、研究式、实践式等多种教学方法且比例适中,选择与具体教学内容相适应的教学方法	5	4	3	2	1
	教学考核 B8	明确性 C25	说明考核内容、考核方式、考核比重、考核节点等详细信息,在课程初期即制定并公开清晰准确的考核规则	5	4	3	2	1
		多源性 C26	包含线上考核、线下考核等多种渠道来源,包含客观题考核、主观题考核等多种形式来源,包含诊断性考核、形成性考核、终结性考核多种时点来源	5	4	3	2	1
		复合性 C27	采用学术论文、书面报告、项目设计、路演、实验等复合性方式,设置个人、小组、矩阵等复合性单元,鼓励学生体验独立者、领导者、被领导者等复合性角色	5	4	3	2	1

续表

一级指标	二级指标	三级指标	指标描述	智慧教学实践效果				
				优秀 5	较好 4	一般 3	较差 2	很差 1
智慧教学设计 A3	教学考核 B8	立体性 C28	涵盖知识、能力、情感三个考核维度，综合教师考核、自我评价、生生互评等多个考核方向，全面考核学生的智慧学习结果。	5	4	3	2	1
智慧教学实施 A4	教学内容 B9	适配度 C29	符合本课程的教学目标，符合本教学班的学情背景，符合具体的教学大纲	5	4	3	2	1
		丰容度 C30	兼具经典理论与前沿研究，兼具典型案例与时代热点，兼具学术内涵与实践价值，兼具学科趋势与社会发展	5	4	3	2	1
		纵深度 C31	厘清本课程的核心原理，把握本学科的思维方法，具备"跳一跳够得着"的挑战度，下探学术研究的理论深度，下探真实市场的应用深度	5	4	3	2	1
		思辨度 C32	提供思辨能力的培育空间，鼓励学生对教学内容进行自主探究、自主分析、自主判断，营造平等的学习氛围，引导学生交流合作，注重培养学生的逻辑思维、批判思维、创新思维	5	4	3	2	1
	教学资源 B10	多模态交互化 C33	呈现以视频、音频、图片、文本等方式交互的富媒体资源，融合视觉、听觉、触觉等多模态感官，强化学生的参与感，有效促进学生深度学习	5	4	3	2	1

一级指标	二级指标	三级指标	指标描述	智慧教学实践效果				
				优秀 5	较好 4	一般 3	较差 2	很差 1
智慧教学实施 A4	教学资源 B10	可选取层级化 C34	给予不同教学内容分区化的教学资源,给予同一教学内容难度分层化的教学资源,合理拓展资源难度跨度,适度提高资源难度上限,保证教学资源的分区与分层清晰可见、便于选择	5	4	3	2	1
		追踪式迭代化 C35	能够持续更新现有资源,及时补充空缺资源,能够积极引导学生参与资源的收集、更新与补充,能够根据学习进程或学习环境实时推送相关的全新资源,保证教学资源实现内容迭代、形式迭代、应用迭代	5	4	3	2	1
	教学活动 B11	多样性 C36	组织头脑风暴、案例探究、情景模拟、实验操作、辩论比赛等多元化的教学活动,保证教学活动的选取与具体的教学目标及教学内容相匹配	5	4	3	2	1
		互动性 C37	利用智慧教学环境,创设沉浸式情境,提供全流程衔接的即时互动机会,满足师生互动与生生互动的交叉互动需求,强化学生的参与感,调动学生的主体性	5	4	3	2	1
		灵活性 C38	把控课堂进程,能够根据实际时间合理调整活动环节,能够根据实际进展合理调整活动方式	5	4	3	2	1

一级指标	二级指标	三级指标	指标描述	智慧教学实践效果				
				优秀 5	较好 4	一般 3	较差 2	很差 1
智慧教学实施 A4	教学活动 B11	生成性 C39	提供生成性土壤，鼓励学生提出生成性问题，及时准确捕捉生成性问题，指导学生深入探究生成性问题，能够在课上或课后针对生成性问题进行深入讨论与全面解答	5	4	3	2	1
		延展性 C40	具备时间上的延伸性，活动流程涉及课前、课中、课后等多阶段；具备内容上的拓展性，活动范围涉及课程任务、调研项目、科研课题、专业论文、创业比赛、实践实操等多领域	5	4	3	2	1
智慧教学反馈 A5	教学过程反馈 B12	动态实时把控 C41	利用智慧教学平台及教辅软件实现对学生及学习环节的全面追踪，制定综合考量学生的实时进程与综合状态的个性化干预方案，及时提供必要的干预措施	5	4	3	2	1
		大数据分析 C42	利用智慧教学平台及教辅软件精准分析共性问题、薄弱环节、重点难点、后进个体，实现全面释疑、专项指导、重点讲解、难点突破、个体提升的锚定式教学	5	4	3	2	1
		双域双频沟通 C43	提供公域沟通渠道，建立公开的师生沟通、生生沟通方式，提供私域沟通渠道，确保学生拥有匿名沟通的权利，提供同频沟通机会，保障重要问题得到及时回应，提供异频沟通机会，保障机动问题能够全程反馈	5	4	3	2	1

一级指标	二级指标	三级指标	指标描述	智慧教学实践效果				
				优秀 5	较好 4	一般 3	较差 2	很差 1
智慧教学反馈 A5	教学结果反馈 B13	客观成绩 C44	呈现正态分布的整体态势，能够有效选拔优秀并甄别落后，成绩均值及中位数能够较传统教学实现一定的提升	5	4	3	2	1
		主观感受 C45	拥有较高的出勤率与学生满意度，达成通过该门课程有实际收获与能力进步的学生自我认知，能够激发多数学生继续学习相关课程的兴趣，能够引导少数学生产生深入钻研相关专业的意愿	5	4	3	2	1
		反思调整 C46	能够在教学过程中根据多方、多角度反馈及时调整进度计划与内容安排，能够在课程结束后根据立体化、全面化、系统化的反馈有针对性地调整下一轮次的智慧教学设计与智慧教学实施	5	4	3	2	1

图书在版编目（CIP）数据

教育信息化 2.0：地方高校智慧教学改革路径探索 /
李茉著 . -- 北京：社会科学文献出版社，2023.5
　ISBN 978-7-5228-1678-4

　Ⅰ.①教…　Ⅱ.①李…　Ⅲ.①地方高校-教学改革-
研究-中国　Ⅳ.①G649.21

　中国国家版本馆 CIP 数据核字（2023）第 082816 号

教育信息化 2.0：地方高校智慧教学改革路径探索

著　　者 / 李　茉

出 版 人 / 王利民
组稿编辑 / 陈　颖
责任编辑 / 侯曦轩　桂　芳
责任印制 / 王京美

出　　版 / 社会科学文献出版社·皮书出版分社（010）59367127
　　　　　　地址：北京市北三环中路甲 29 号院华龙大厦　邮编：100029
　　　　　　网址：www.ssap.com.cn
发　　行 / 社会科学文献出版社（010）59367028
印　　装 / 三河市龙林印务有限公司

规　　格 / 开　本：787mm×1092mm　1/16
　　　　　　印　张：15.25　字　数：190 千字
版　　次 / 2023 年 5 月第 1 版　2023 年 5 月第 1 次印刷
书　　号 / ISBN 978-7-5228-1678-4
定　　价 / 98.00 元

读者服务电话：4008918866